Dénouer les conflits par la **Communication NonViolente**

Marshall B. Rosenberg

Dénouer les conflits par la Communication NonViolente

Entretiens avec Gabriele Seils

Traduction de Daniel Béguin

jouvence
EDITIONS

Du même auteur aux Éditions Jouvence

Clés pour un monde meilleur
Enseigner avec bienveillance
Les mots sont des fenêtres (ou des murs)
Nous arriverons à nous entendre !
La Communication NonViolente au quotidien
Les bases spirituelles de la Communication NonViolente
Élever nos enfants avec bienveillance
Être vraiment soi, aimer pleinement l'autre !
L'art de la réconciliation
Les ressources insoupçonnées de la colère
Parler de paix dans un monde de conflits

CATALOGUE GRATUIT SUR SIMPLE DEMANDE
ÉDITIONS JOUVENCE
France : BP 90107 – 74161 Saint-Julien-en-Genevois Cedex
Suisse : Route de Florissant 97 – 1206 Genève
Site internet : **www.editions-jouvence.com**
E-mail : info@editions-jouvence.com

Version originale : *Konflikte lösen durch gewaltfreie Kommunikation*

ISBN 978-2-88911-824-3
Maquette de couverture et mise en pages intérieure :
Frank Pitel [grad-design.fr]
Illustrations de couverture : Fotolia.com : ©BillionPhotos.com,
©gl_sonts, ©Rawpixel.com

Sommaire

Avant-propos

Ma première rencontre avec Marshall Rosenberg, en janvier 2000 au cours d'un stage, fut un choc formidable... comme si un bulldozer avait dérangé ma vie ! À cet instant, j'ai compris que des perspectives tout à fait nouvelles s'ouvraient à moi. Par la suite, je l'ai accompagné dans son travail, je l'ai interviewé et j'ai continué à participer à ses stages. Je voulais apprendre.

Toutes ces expériences se sont incarnées dans le présent ouvrage, c'est certain. Toutefois, la plus grande partie de son contenu est tirée d'un long dialogue que j'ai eu avec Marshall Rosenberg. Il m'a reçu dans sa petite maison de la région bâloise avec vue sur les Préalpes, sept soirs de suite. Pendant la journée, il animait un séminaire avec 40 participants ; le soir, il me montrait une ouverture et me manifestait une présence qui m'ont surprise et profondément remuée.

Marshall Rosenberg est un praticien. Lorsqu'on lui demande :

– Pourquoi êtes-vous si sûr que cela marche ? il répond malicieusement :

– Parce que je l'ai essayé !

La Communication NonViolente – dorénavant appelée CNV[1] – est une méthode en perpétuelle évolution, encore actuellement. Elle est fondée sur une idée clé : la compassion, l'empathie. Empathie pour soi-même, pour sa propre colère, ses propres besoins. C'est le premier pas, un pas décisif.

Celui qui s'engage sur le chemin de la CNV découvre rapidement que l'attitude de ceux qui la pratiquent a des effets significatifs, que les conflits perdent de leur caractère menaçant, que, même dans les situations les plus désespérées, des changements inattendus sont possibles. Marshall Rosenberg se rend souvent dans les régions en crise, ou même en guerre. Au cours de nos entretiens, j'ai découvert sa puissance de transformation, son esprit de combattant, qui montre en même temps une profonde vulnérabilité. Il veut changer le monde – et il y croit de tout son être. D'où tire-t-il sa force ? Il capte la beauté du monde par son cœur ; et il rencontre sans ciller la violence qui émane des êtres humains. J'ai senti son amour de la vie et sa peine... et j'ai vu ses larmes. J'en ai été bouleversée.

Marshall Rosenberg enseigne la CNV par l'exemple. C'est un griot qui raconte des histoires inoubliables. Chacune d'elles est un concentré d'expérience, une synthèse de plusieurs années de savoir accumulé. Chacune parle de l'issue d'un problème.

Je serais heureuse si ce livre pouvait apporter à celles et ceux qui ne savent encore rien, ou presque, de la CNV, des impulsions profondes et des connaissances utilisables pour gérer les conflits. À ceux qui sont déjà tout feu tout flamme et souhaitent approfondir leur savoir, je souhaite de pouvoir étancher leur soif à la lecture de ces lignes. Au cours des entretiens, j'ai endossé plusieurs rôles, lesquels sont aussi des parties de ma personnalité : la femme curieuse qui découvre un univers et l'enquêtrice sceptique, la journaliste qui provoque la confrontation et la femme blessée par ses propres conflits, l'élève qui a déjà bien compris la matière et la formatrice qui enseigne à son tour mais se réjouit d'avoir l'occasion d'affiner ses réponses, une fois encore.

J'exprime ma reconnaissance à toutes celles et tous ceux qui m'ont assistée dans la grossesse et l'accouchement de ce livre, et en particulier à

- Ruth Hofmann, pour nos échanges de grande qualité, qui m'ont inspirée, et pour son aide lors de la traduction en allemand des interviews menées en anglais ;
- Heikle Hahn, pour ses grandes « oreilles-girafes » (cf. chapitre sur la puissance de l'empathie), pour son accompagnement à travers les crises et pour ses commentaires détaillés qui ont allégé mon travail de rédaction ;
- Regine Reinhardt, pour avoir été ma première lectrice et m'avoir soutenue de son enthousiasme tout au long de cette création ; enfin
- Dami Charf, Susanne Zanker, Monika Flörchinger, Christoph Seils et Ulrike Schmidt pour m'avoir encouragée par leurs observations et m'avoir prêté leur énergie dans les moments de doute ;
- Barbara Kunz qui m'a hébergée dans son Orchidea Lodge, à Wasserfallen/Reigoldswil, pendant toute la durée des entretiens avec Marshall Rosenberg ;
- Ingrid Holler et l'association « Netzwerk Gewaltfreie Kommunikation », à Munich, qui m'ont invitée gracieusement, en septembre 2003, à participer au séminaire donné par Marshall Rosenberg à Schney ;
- Judith Mark, des éditions Herder, pour sa délicate compréhension du sujet et pour la qualité de notre collaboration ;

Et ma reconnaissance s'adresse aussi à tous ces hommes et toutes ces femmes, éveilleurs de conscience, qui m'ont aidée à découvrir en moi le courage et la force d'être au cœur à cœur avec la vie – et cela ne fait que commencer.

Gabriele Seils

1

Qu'est-ce que la Communication NonViolente ?

« Préfères-tu avoir raison ou être heureux ? Tu ne peux pas avoir les deux ! »

Vous travaillez souvent avec des gens qui n'ont jamais entendu parler de votre méthode. Par quoi commencez-vous ? Comment expliquez-vous en quoi consiste la Communication NonViolente (CNV) ?

Je suis souvent invité dans des écoles. Il est fréquent que, dans ces écoles, les élèves et les enseignants aient des difficultés à s'entendre. Par exemple, personne ne veut faire ses devoirs à domicile ou personne ne collabore à l'enseignement. Quand je me trouve debout devant une telle classe, je commence en général ainsi :

– Je m'appelle Marshall Rosenberg et je vous propose d'aborder aujourd'hui le sujet qui vous intéresse le plus.

Les élèves sont alors passablement irrités :
– Depuis quand l'école s'occupe-t-elle de choses qui nous intéressent ? Et qui êtes-vous d'ailleurs ?
– Je dresse des chacals !
– Hein !
– Mes chacals ont deux pattes : ce sont des personnes qui ont des difficultés à communiquer. Je les appelle des chacals. Je leur explique comment ils peuvent mieux se parler entre eux. Vous comprenez ce que je veux dire maintenant ?

Une jeune fille résumait la chose récemment :
– Ah oui, je vois ! ma sœur est un chacal !

Alors, un autre élève s'exclama :
– Mais notre prof, qui occupe votre place d'habitude, c'est un vrai chacal !

Chacun d'entre nous connaît au moins un chacal : son chef... son enfant... son conjoint... Ils parlent une « langue chacal ». Il peut même s'agir d'une personne que vous aimez bien, mais qui peut vous mettre dans des colères noires.

À la fin, je demande aux élèves :
– Ai-je répondu à votre question ? Si ce n'est pas le cas, dites-moi ce que vous voulez encore savoir.

Et c'est ainsi que nous nous mettons à dialoguer.

Je peux m'imaginer qu'on met « un certain temps » à dresser une liste exhaustive des « méchants chacals ». Comment continuez-vous votre présentation ?

Je demande aux personnes avec qui je travaille de nommer et de décrire les comportements des chacals qu'elles connaissent.

– Précisez exactement ce que fait l'autre, et en quoi son geste ou sa parole restreint votre qualité de vie.

La CNV est un moyen d'établir une communication empathique avec soi-même et avec les autres. L'empathie est une qualité très précieuse et profondément humaine, que chacun peut développer. Malheureusement, la langue que nous avons apprise nous détourne de notre véritable nature. La CNV peut contribuer à nous restituer notre capacité naturelle à écouter avec le cœur. Je suis convaincu que notre plus grand plaisir sur Terre, à nous, êtres humains, c'est de contribuer au bien-être de nos semblables.

Quand j'ouvre le journal, je ne peux m'empêcher de trouver que nous sommes encore loin du but...

Je vois la violence ; je la côtoie en permanence dans mon travail. Cela ne m'empêche pas de croire que notre inclination naturelle va vers le plaisir de donner et de recevoir dans la joie du partage. Dans ces conditions, pourquoi la violence existe-t-elle ?

Ma vie durant, je me suis confronté à cette question. J'étais enfant lorsque mes parents emménagèrent à Détroit, dans le Michigan, en 1943. Dès notre arrivée, nous fûmes spectateurs de la confrontation raciale qui enflammait notre quartier. Nous n'avons pas pu quitter notre maison pendant des jours, à cause de la guerre civile qui faisait rage au-dehors. Le garçon de huit ans que j'étais alors en fut marqué à vie. J'appris que des hommes se blessaient ou se tuaient les uns les autres à cause de la différence de couleur de leur peau. Quand j'entrai à l'école, je fus agressé par mes camarades à cause de la consonance juive de mon nom de famille. La question suivante me tarauda toute ma jeunesse :

que se passe-t-il dans la tête d'un homme qui en blesse un autre délibérément ? Quel bénéfice peut-il bien retirer à voir souffrir un être humain ?

Dans le même temps, j'eus la chance de vivre l'exact opposé de ce comportement au sein même de ma famille. Ma grand-mère, complètement paralysée, était mourante. Chaque soir, je voyais mon oncle venir chez nous pour aider ma mère à soigner ma grand-mère. Ce qui me frappait, c'était la profonde joie qui l'habitait ; il rayonnait. Je pensais en moi-même : pourquoi cela ? Pourquoi existe-t-il des hommes comme mon oncle, et d'autres capables d'assassiner ?

Plus tard, ces questions m'accompagnaient toujours ; elles m'ont incité à étudier la psychologie, dans l'espoir de comprendre ces corrélations. Mon doctorat en poche, je n'avais toujours pas la réponse à mes questions. La psychologie enseigne que les hommes violents sont des hommes dérangés. À mon avis, considérer la violence comme une maladie est une réduction simpliste et dangereuse. Si seulement c'était aussi facile !

Entre-temps, j'ai acquis la conviction que la violence est une affaire de langage et de mode de communication. L'origine de la violence réside dans la manière dont nous avons appris à penser, à communiquer et à gérer les rapports de pouvoir.

Lorsque je quittai l'Université, je n'avais pas encore saisi clairement ces relations de cause à effet. J'ai donc ouvert un cabinet de psychothérapeute ; mon activité rencontra un succès certain : grande maison, trois beaux enfants, éduqués dans des écoles privées... la belle vie, quoi ! Ma clientèle se composait essentiellement de femmes dépressives. Je pris conscience peu à peu que le thérapeute que j'étais ne s'occupait que de symptômes qui apparaissaient sur des individus, mais que les causes profondes étaient ailleurs. Elles se cachaient dans les structures sociales, dans les rapports de pouvoir et dans la langue même. Ces femmes n'étaient pas dépressives de maladie. Je veux dire qu'en ce temps-là, presque n'importe qui, ayant la place qu'occupaient les femmes dans la société, serait tombé en dépression. Alors, pourquoi donc ne pas changer plutôt les structures, puisqu'elles détruisent les êtres qui les habitent.

La raison de mon succès auprès de mes clientes était qu'elles se sentaient entendues par moi. J'aurais pu me contenter de poser un diagnostic et de leur prescrire des antidépresseurs, mais ce qui les aidait vraiment, c'était de recevoir de l'empathie pour leurs souffrances inimaginables et leur désespoir. Cette écoute leur donnait la force d'entreprendre quelque chose pour initier des changements dans leur vie. À la fin, je pouvais de moins en moins m'identifier à mon rôle de thérapeute, et je finis par fermer mon cabinet. Je chercherais dorénavant des formes d'action me permettant d'agir sur les structures de pensées et sur les structures de pouvoir. Je développerais une méthode capable de transformer notre éducation. C'est ainsi que la Communication NonViolente vit le jour.

La CNV est encore connue sous un autre nom : la « langue girafe ». Dans vos stages, le chacal représente la communication coupée des émotions, tandis que la girafe symbolise la langue du cœur. On sait, en effet, que les girafes ont un immense cœur qui pompe le sang jusqu'à leur tête, perchée au bout d'un long cou. Les girafes n'ont pas d'ennemis naturels ; elles sont merveilleusement prédisposées à symboliser toutes les qualités positives. Partout à travers le monde, des marionnettes de girafes et de chacals en peluche sont d'ailleurs à l'œuvre, animées par des formateurs en CNV. Pour quelle raison, en somme, pensez-vous que la CNV rencontre un pareil succès dans le domaine de la clarification des conflits ?

Au début, les gens sont frappés par la simplicité de la méthode ; un peu plus tard, ils réalisent à quel point elle est difficile à appliquer. Il est vrai que le schéma de base de la méthode est simple.

- *Première question :* qu'est-ce qui est vivant en toi ?
- *Seconde question :* qu'est-ce qui permettrait d'améliorer et d'enrichir ta qualité de vie ?
- *Ensuite,* apprends à partager tes réponses à ces questions, en toute honnêteté, sans formuler aucune critique envers qui que ce soit.

Tout est compris dans ces deux questions. L'exercice consiste à partager ces prises de conscience avec d'autres êtres humains, et à écouter de manière empathique ce que votre interlocutrice ou votre interlocuteur exprime à ce sujet. Pour répondre à ces deux questions, vous devez maîtriser une langue particulière, qui permette de dire les choses avec précision. Lorsque le comportement de quelqu'un vous dérange, il est important d'être précis. La langue girafe se décline en quatre temps, tous très utiles.

Le premier est « Observe sans juger ! ». Ce premier temps consiste à exprimer à son vis-à-vis ce qui nous dérange dans son comportement, sans émettre un jugement ou une interprétation à son encontre. Contentez-vous de décrire strictement les faits que vous observez.

Lorsqu'un homme dit à sa femme :
– Tu es vraiment incapable de gérer notre argent.
elle pourrait rétorquer :
– Tu veux toujours me contrôler.

Ces deux réponses ne sont pas des observations, mais des interprétations et des évaluations d'un comportement.

Le philosophe indien Krishnamurti dit en substance que la forme la plus évoluée de l'intelligence est d'observer sans juger. Des études relatives au racisme et au sexisme ont démontré que les hommes ou les femmes dont l'esprit est tourné vers la discrimination ne sont pas en mesure de faire la différence entre une observation et une évaluation. Ils et elles sont d'avis que leurs préjugés correspondent à des faits observés.

La CNV va donc éradiquer tous les préjugés de la terre ! Mais comment est-ce possible de traverser la vie sans évaluer les choses qui nous entourent ? Savoir évaluer, n'est-ce pas une qualité nécessaire à la survie ?

Oui. De toute manière, il est capital de savoir jauger les choses. Mon propos est de trouver une manière d'évaluer qui soit au service de la vie. Si je jauge le comportement d'un de mes semblables, je peux le faire sans me hisser au-dessus de lui. Tout est dans la *manière* dont j'exerce mon pouvoir ; je voudrais le faire au bénéfice de tous.

Malheureusement, j'observe que, très souvent, les gens ont une tout autre manière d'exercer leur pouvoir : ils essaient de *dominer* les autres. Une des formes les plus répandues de l'exercice pervers du pouvoir est, par exemple, la culpabilisation. Ce faisant, nous partons de l'idée que ce sont les autres qui créent nos propres sentiments. Conséquence : je tiens mon voisin pour responsable de mon malheur. Je lui dis par exemple :

« Tu me blesses », « Je suis déçu de toi » ou encore « Tu me fais enrager ».

Un aspect central de la CNV est le fait de prendre conscience que nos semblables ne sont pas responsables de nos sentiments. La seule chose qui puisse avoir une influence sur mes sentiments est l'attitude intérieure à partir de laquelle je réagis à une remarque. Si j'y crois, que j'y donne crédit et que je la prends contre moi, alors je me sens mal et j'ai honte. Nous venons de découvrir une nouvelle forme d'abus de pouvoir : la honte.

Ma recette pour se sentir mal : utilisez le mot « faux » à toutes les sauces ! Réfléchissez à la manière dont vous vous comportez, identifiez les situations où vous êtes « à côté de la plaque », et celle où vous êtes un modèle. Demandez-vous : « Suis-je attirante et désirable ? Suis-je compétente ? » Et si vous tenez absolument à vous mettre dans une humeur de chien, alors observez jour et nuit comment sont les autres, s'ils sont normaux ou anormaux, adéquats ou inadéquats. Si vous ne réussissez pas encore à vous gâcher totalement la vie, consacrez vos journées à tenter de savoir ce que les autres pensent de vous, s'ils vous trouvent sympathique ou non. Et utilisez le plus souvent possible l'expression « Je dois » : Que *dois*-je faire ? Que *doivent* faire les autres ? Que croient les autres et comment *dois*-je réagir ?

Évidemment ! J'ai déjà entendu cela quelque part ! Comment pourrions-nous exercer notre pouvoir de manière plus productive ?

- En nous mettant en lien avec nous-mêmes et avec les autres, avec délicatesse et compassion.
- En focalisant notre attention sur les besoins de chacun.
- En n'agissant pas sous l'emprise de la honte ou de la culpabilité.
- En apprenant à parler une langue qui nous permette de dire aux autres comment nous allons à chaque instant, et quels sont les sentiments et les besoins qui nous animent...
- ... alors, ce ne sera plus difficile de rencontrer nos semblables avec empathie.

J'ai appris à connaître de nombreuses cultures de par le monde. Chacune à sa manière pose la même question universelle « Comment vas-tu ? » C'est tellement naturel et évident !

- Si nous désirons vivre les uns avec les autres de manière harmonieuse,
- Si nous voulons avoir une place dans la vie des autres,
- Si nous avons envie de nous soutenir mutuellement...
- ... alors c'est vraiment important de savoir comment vont nos voisins, nos proches.

C'est exactement de cela qu'il s'agit, quand je pose cette question – primordiale à mes yeux :

– Qu'est-ce qui est vivant en toi ?

Cette simple phrase a une portée universelle. Or, elle est devenue un rituel vide de sens, depuis bien longtemps déjà. Les gens ont oublié la manière dont il faut poser cette question ; ils ne savent plus non plus comment y répondre ; ils n'ont jamais appris la langue qui prend soin de la vie.

En effet, il est tout à fait inhabituel d'entendre quelqu'un s'intéresser à ce qui est vivant en nous. Le plus souvent – et particulièrement en cas de conflit –, nous mettons toute notre énergie à découvrir le coupable, puis à déterminer qui a tort et qui a raison.

Dans le livre *Un cours sur les miracles,* j'ai découvert cette question cruciale :

« Préfères-tu avoir raison ou être heureux ? »

Nous devons nous la poser, cette question, à chaque instant de notre vie. Nous ne pouvons pas avoir les deux choses à la fois !

J'ai cherché à creuser la question « Qu'est-ce qui est vivant en toi ? » Cela m'a permis de découvrir la première des composantes de la CNV, appelée l'*observation.* Quel a été le stimulus ? Qu'est-ce que mon voisin a fait, qui a restreint ma qualité de vie ?

La deuxième composante, ce sont les *sentiments.*

- Comment est-ce que je me sens quand cette personne se comporte de cette façon ?

La troisième composante de la CNV sont les *besoins* ; ils sont étroitement liés aux sentiments.

- Quand mes besoins sont satisfaits, mes sentiments sont agréables.
- Quand mes besoins ne sont pas satisfaits, mes sentiments sont douloureux.

Plus nous serons conscients de nos besoins, plus nous vivrons de manière autonome, et mieux nous saurons comprendre les autres êtres humains. En effet, *nous avons tous les mêmes besoins.* En d'autres termes, si je peux communiquer à mon ou à ma partenaire quels sont mes besoins, j'ai plus de chances qu'il ou elle soit disposé(e) à contribuer à leur satisfaction... en tout cas, largement plus que si je l'agresse ou le/la critique.

Et si mes besoins ne sont pas satisfaits, l'autre question arrive à ma conscience : Qu'est-ce qui pourrait améliorer ma qualité de vie ?

Pour y répondre, j'ai développé la quatrième composante de la CNV, la *demande.* Dans ce quatrième temps de la communication, il s'agit de poser une demande claire ; ce qui veut dire que je formule en termes positifs ce que je désire obtenir – et non ce que je ne veux pas – de la part de mon vis-à-vis.

J'ai intérêt à lui présenter des demandes limpides, portant sur des actions qu'il ou elle est à même d'effectuer concrètement :

« Je m'adresse à toi parce que..., et j'aimerais obtenir de toi ce geste-là... »

Il n'est pas question ici de lui prescrire ce qu'il ou elle doit penser ou ressentir, ni comment il ou elle doit être. Ma demande porte sur une action que je demande à l'autre de réaliser pour que ma vie soit plus belle. Contre-exemple : une femme dit à son mari :

« Je ne veux pas que tu travailles autant. »

Ceci n'est pas une demande concrète.

Beaucoup de personnes ont d'énormes difficultés à présenter des demandes concrètes. Bien sûr, cela exige de la clarté sur ce qu'on veut exactement à cet instant précis. Ce quatrième temps est très important ; savoir demander quelque chose de tout simple peut parfois transformer la face du monde. Beaucoup de gens ont peur de demander ce dont ils auraient vraiment besoin juste là, maintenant. Cela exigerait d'eux de prendre leurs responsabilités, et de créer vraiment le monde dans lequel ils ont envie de vivre.

Revenons à la femme qui voudrait que son mari travaille moins. Comment devrait-elle s'y prendre ?

Eh bien ! par exemple :

« Je voudrais bien que tu me dises si tu serais prêt à passer un soir par semaine avec moi, et à partager un autre soir avec les enfants. »

La raison principale pour laquelle nos besoins restent insatisfaits tient à notre incapacité à formuler des demandes claires et concrètes. En réalité, tout cela se résume à pas grand-chose :

« Qu'est-ce qui est vivant en moi ? »

« Qu'est-ce qui est vivant en toi ? » et

« Comment pouvons-nous coopérer pour nous rendre à tous deux la vie plus belle et plus riche ? »

2

La logique des sentiments

« Le but dans la vie est de rire de tous nos rires et de pleurer de toutes nos larmes. »

Si je comprends bien, l'idée de base de la CNV est très simple ; c'est son application qui est difficile.

C'est cela ! Le défi consiste à communiquer ouvertement à d'autres ce qui se passe en moi :

– Eh ! Oh ! Si tu agis ainsi, moi je me sens...
et j'ai besoin de...,
et c'est pour cela que je veux te demander de faire...
Et tout ça sans émettre aucun jugement moralisateur et sans rien exiger de lui.

La différence entre une exigence et une demande, c'est que cette dernière est empreinte de compréhension. Si mon interlocuteur ne veut pas faire ce que je lui demande – pour quelque raison que ce soit –, je continuerai à lui témoigner du respect.

Dans l'attitude « girafe » caractéristique de la CNV, je veux que mon interlocuteur ne réponde à ma demande que s'il a l'élan de le faire.

Il est important de garder présent à l'esprit le fait que la plupart des gens n'ont plus l'habitude de décider librement s'ils veulent accéder à une demande ou non. Ils n'ont jamais connu que des exigences, et les conséquences qui s'ensuivent. C'est pourquoi la plupart des personnes ont des difficultés à faire confiance à ceux qui leur demandent quelque chose ; ils entendent presque toujours une exigence derrière une demande. Lorsque quelqu'un entend ma demande comme une exigence, je le paie à chaque fois très cher, car le lien empathique est rompu, et le plaisir de donner, détruit. Je perds alors ce qui m'était le plus précieux, ma relation de confiance avec l'autre.

En résumé, il faut réapprendre à écouter ce que l'on sent, à identifier ce dont on a besoin et à dire ce que l'on veut. Et cela, la plupart de nos contemporains ne savent pas le faire.

Je ne suis pas vraiment étonnée de votre constat. En effet, la manière habituelle d'aborder les conflits est… de les éviter. Et si ce n'est plus possible, d'adopter une attitude rationnelle, de refréner ses sentiments, de savoir céder et d'être ouvert à des compromis. Or, vous me dites maintenant que la première chose à faire est de nommer ce que je sens et d'identifier ce dont j'ai besoin. Les sentiments et les besoins sont des notions centrales en CNV. Expliquez-moi la corrélation entre eux. Pourquoi est-il donc si important de nommer mes sentiments pour formuler mes besoins ?

Les sentiments et les besoins vont toujours de pair. Les sentiments sont les reflets des besoins ; c'est la raison pour laquelle ils jouent un rôle clé en CNV. Prenons l'analogie avec une voiture ;

lorsque la lampe témoin rouge s'allume au tableau de bord, vous savez que le réservoir est vide ; la lampe jaune indique une anomalie dans le système électrique, le niveau d'huile ou le niveau d'eau de refroidissement. Les sentiments sont nos lampes témoins ; ils nous indiquent si tout fonctionne de manière normale, ou si quelque chose doit être réparé ou comblé. Les sentiments nous informent sur l'état de nos besoins : à sentiment douloureux, besoin insatisfait. Disposant de cette information, je peux réfléchir à la manière de résoudre le problème.

Votre image me plaît. Elle me montre, en effet, que les sentiments ont une fonction capitale pour maintenir notre système en bon état – indépendamment du fait qu'ils sont agréables ou désagréables.

Tout sentiment – peine ou joie – est un cadeau. Il me montre que je suis vivant. C'est beau et c'est vrai. À mon avis, le but dans la vie n'est pas d'être toujours heureux, mais de rire de tous nos rires, et de pleurer de toutes nos larmes. Tout sentiment qui monte en moi est le signe que je suis vivant. Me relier à la vie en moi est toujours un cadeau.

Peut-on donc classer tous les sentiments dans ces deux catégories de base : la peine et la joie ?

Oui. Au début, je distinguais les sentiments positifs des sentiments négatifs. Puis j'ai constaté que cette classification sous-entend que certains sentiments sont « mauvais », alors qu'en réalité, ils font simplement partie de la vie. Maintenant, je les nomme :

- sentiments qui naissent quand mes besoins sont satisfaits et
- sentiments qui naissent quand mes besoins ne sont pas satisfaits.

Daniel Goleman, dans son livre sur l'intelligence émotionnelle, fait référence à ce rôle capital des sentiments. Il dit que la fonction naturelle de la douleur est de nous avertir qu'un de nos besoins fondamentaux est en train de dépérir. Aucun être vivant ne survivrait s'il n'était pas animé de sentiments. Par exemple, si nous ressentons ce sentiment inconfortable qu'est la faim, nous allons nous procurer de la nourriture. De la même manière, nos autres sentiments nous permettent de rester en vie, tout naturellement.

Mais certains sentiments sont tout sauf productifs ! Qu'en est-il de la rage et de la colère ? Prenons un exemple tout simple tiré de notre vie quotidienne, un exemple universel. Je vis avec mon compagnon ou ma compagne, mon ami ou mon amie, un ou une colocataire, mon fils ou ma fille. Cette personne a la fâcheuse habitude de semer autour d'elle un chaos indescriptible, qui dure et se répand ; elle ne nettoie jamais rien. Un jour, cela ne manquera pas de faire naître en moi de la colère ; à partir de là, à chaque fois que je verrai cette personne, j'aurai la moutarde qui me montera au nez. Comment est-ce que je vais m'arranger pour lui partager mes sentiments en langue girafe ?

Je vous suggère de rester muette jusqu'au moment où vous aurez trouvé la cause de votre colère, et que vous serez à nouveau en lien avec la vie. Pour pouvoir exprimer votre colère de manière non-violente, vous devez tout d'abord être consciente que ce n'est jamais l'autre personne qui vous met en colère. La colère est le résultat d'un processus mental. Il est utile de distinguer entre le stimulus qui a déclenché votre colère, et la cause de votre colère. Dans le cas présent, quelle est, à votre avis, la cause de votre colère ?

Mon besoin d'ordre et de propreté n'est pas satisfait ; je ne me sens plus chez moi. J'aimerais que mon besoin soit respecté.

Ce ne sont pas nos besoins qui nous mettent en colère. Et ce n'est pas le comportement de l'autre personne. Tout au plus, ce comportement sera-t-il un stimulus, mais en aucun cas, la cause. La cause de votre colère, c'est ce que vous pensez. Alors, qu'avez-vous pensé de cette personne ?

Qu'elle devrait nettoyer le logement plus souvent, et qu'elle devrait cesser d'être désordonnée.

Ah ! on y est ! Lorsque la colère se propage dans notre corps, un « devrait » germe dans notre tête. C'est l'une des paroles les plus dangereuses que l'homme ait inventées. Or donc, la première chose à faire est de déraciner le verbe « devoir » de votre cervelle et de le transmuter en un besoin. Lorsque vous serez bien en lien avec vos besoins, vous ne serez plus enragée. Il est possible que vous soyez alors triste ou frustrée, mais plus en colère. Nous tombons dans la colère quand nous sommes coupés de la vie.

Lorsque vous aurez éradiqué l'expression « tu devrais » de votre tête, et que vous aurez identifié le besoin correspondant, vous pourrez, par exemple, dire à votre conjoint :

– Juste là maintenant, je suis frustrée, car mon besoin de respect n'est pas comblé quand je vois que l'appartement n'est pas rangé.

Et la demande concrète serait :
« Quand tu utilises la cuisine, peux-tu faire en sorte de la laisser propre quand tu la quittes, s'il te plaît ? » C'est cela ?

Non. Ceci est un souhait, pas une demande. Une demande concrète se rapporte toujours au moment présent, et à ce que je veux là, maintenant. Ce que vous venez de dire se rapporte à un moment futur. Que voulez-vous de votre vis-à-vis à l'instant ?

À mon avis, ce serait utile de lui demander un feed-back... de sorte que votre compagnon comprenne bien ce que vous lui demandez. Doit-il penser qu'il est la créature la plus détestable que l'Univers ait jamais produite ? Si vous ne demandez pas un retour clair, il se pourrait bien qu'un tel message soit reçu de cette façon.

« Dis-moi, s'il te plaît, si tu veux bien nettoyer la cuisine après l'avoir utilisée. »

Oui, j'entends cela comme une demande concrète qu'il est possible d'adresser à quelqu'un, à ce moment précis. À votre place, j'aurais encore formulé une demande complémentaire :
– Peux-tu me refléter ce que tu m'as entendu dire ?

En effet, il est parfaitement plausible que l'autre personne n'entende pas ce que vous dites. Elle entend un « tu devrais », alors que vous n'avez rien dit de tel. Vous pourriez alors lui demander :
– Comment puis-je te manifester mes besoins, sans que tu l'entendes comme un reproche ?
– Hein ! de quoi tu causes ?

Si elle entend votre question pour la première fois, elle aura des difficultés à saisir ce que vous voulez dire, car il s'agit là d'une attitude totalement inhabituelle. La plupart des gens ne savent pas faire la différence, car ils n'ont entendu jusqu'alors que des critiques et des exigences. Si vous souhaitez continuer à vivre avec cette personne, aidez-la à faire cette distinction. Si vous ne le faites pas, je parie que vous vous enliserez dans des confrontations sans fin chaque fois que vous exprimerez un besoin.

J'admets que cela vaut la peine de débattre avec mon partenaire, avec qui je vis, de ce que nous entendons chacun par ordre et

propreté. Dans d'autres cas, par exemple à propos de conceptions teintées de discrimination, je ne veux même pas entrer en matière ; je n'accepte pas ce genre d'attitudes, un point c'est tout ! Il n'y a pas si longtemps, un homme m'a interpellée en disant :
« Une femme "bien" devrait rester à la maison, faire la cuisine et être là pour son mari et ses enfants. »
Je trouve cette affirmation complètement fausse, et si quelqu'un la prononce, il a tort. N'êtes-vous pas du même avis ? Et je connais des personnes qui sont violentes envers les autres et cherchent toujours à les rabaisser.

À mon avis, nous devrions éliminer de notre répertoire les mots suivants : juste, faux, bon, mauvais, normal, anormal, compétent, incompétent. Ces mots font partie d'un langage statique. Le psychologue O. J. Harvey a fait des recherches sur les corrélations entre le langage et la violence. Il a voyagé dans le monde entier pour étudier la manière de parler de différentes cultures. Il a analysé les textes littéraires et repéré toutes les fois où apparaissaient des expressions en langage statique, qui figent et jugent. D'un autre côté, il a calculé le taux de violence dans les pays concernés – suicides, violences domestiques, exactions contre les enfants ou les femmes ; enfin, il a comparé entre elles ces deux données et constaté une corrélation très étroite entre le langage statique et le niveau de violence.

À l'opposé de cela, la CNV est une langue dynamique, décrivant la vie en mouvement. En d'autres termes, ceux qui la parlent sont conscients qu'ils sont intégrés dans un processus de transformation permanent. Nous voyons beaucoup plus de sens à parler de ce qui est vivant en nous maintenant, ou de ce qui a été vivant à un certain moment. En d'autres termes, si nous faisons une évaluation – sur nous-mêmes ou sur les autres –, nous inscrivons cette évaluation dans un processus. Le verbe « être » peut s'utiliser de deux manières différentes.

En CNV, nous dirons :

– Es-tu en colère en ce moment ?

En langage statique, on dit :

– Tu es un homme (ou une femme) colérique.

Le langage statique transforme les êtres humains en choses dépourvues de vie. L'éducation statique privilégie les termes « juste/faux », « normal/anormal ». Cela coule de source qu'un homme ou une femme ayant grandi dans un tel univers sémantique admette qu'au sommet du système, une autorité décrète ce qui est juste et ce qui est faux. Il faut dresser les cerveaux humains dès leur plus jeune âge pour qu'ils fonctionnent ensuite dans de telles structures mentales.

Le théologien Walter Wink[2] a identifié des structures de domination. Au cours des deux derniers siècles, l'Humanité a légèrement progressé dans son développement intellectuel en mettant en place des structures sociales plus évoluées que la monarchie. Depuis combien de générations votre famille ne vit-elle plus sous l'autorité d'un potentat qui dicte sa volonté à tous les autres ?

Depuis deux générations.

Mon grand-père a encore vécu sous le régime d'un roi qui se dénommait le Tsar. En réalité, nous émergeons à peine d'une ère gérée par le principe de l'autorité absolue. Il est vrai que cela fait quelque temps que nous jouons avec le concept de démocratie. Mais, lorsque mon grand-père, ayant fui le

Tsar, se présenta aux portes des États-Unis, les autorités américaines ne l'ont pas arrêté à la frontière en lui disant :

> « Non ! Vous ne pouvez pas immigrer dans notre pays si vous pensez et parlez comme un sujet du Tsar. Avant que vous pénétriez dans notre pays, nous allons vous rééduquer. »

J'ai donc été éduqué dans la langue du Tsar, une langue qui juge (juste/faux, bon/mauvais), une langue basée sur des vérités absolues, une langue qui a pour but de programmer le peuple de manière à lui faire plier l'échine et à le rendre servile face à l'Autorité. La manière dont les êtres humains ont été éduqués à penser est fortement influencée par le langage qu'ils utilisent. Lorsque des hommes et des femmes grandissent dans des structures éducatives basées sur la domination, la violence s'installe en eux. À son tour, cette violence va renforcer la conception que leur culture a du monde. On peut observer à quel point les individus peuvent devenir violents, et même extrêmement dangereux, dès qu'ils ne sont plus éduqués, puis contrôlés, par une autorité telle que les parents, les enseignants ou le roi.

Mais comment vous comportez-vous avec les personnes qui sont vraiment violentes ? Revenons à cet homme qui trouve normal de discriminer les femmes. L'attitude à adopter n'est pas encore claire à mes yeux

Il est important de comprendre que votre colère envers cet homme n'a rien à voir avec lui en tant que personne. C'est votre propre pensée qui fait naître la colère. Et votre pensée possède des parentés frappantes avec celle de votre interlocuteur. En effet, s'il réussit à vous déstabiliser, vous êtes, vous et lui, deux pions du même jeu.

Concrètement, lorsque cet homme commence son discours par « Une femme bien devrait... » et que vous entrez dans cette croyance qu'il existe, en effet, des « femmes bien », il vous sera extrêmement difficile de rester non-violente. Lorsque vous vous mettez en colère contre cet homme, vous entrez dans le même schéma de pensée que lui. Ne vous jugez pas pour cela, mais soyez-en consciente – il est bon de s'en souvenir encore et encore. La colère et la rage ne naissent qu'au moment où vous vous coupez de la vie. Alors, vous ne vous préoccupez plus de la personne en face de vous, mais du jugement que vous posez sur elle : qu'est-elle ou comment est-elle ? Vous vous identifiez à ce que vous lui imputez. Et vous vous mettez toute seule en colère, car vous vous racontez à vous-même que « ce type est un sale porc sexiste ». Vous vous trouvez piégée dans le même système de pensée que lui, qui prétend savoir ce qu'une « femme bien » devrait faire.

Il m'est toujours très utile de conserver ceci à l'esprit : dès que je suis tenté de porter un jugement sur quelqu'un, cela veut dire qu'un de mes besoins n'est pas satisfait. Autrement dit, si je sens de la colère monter en moi et que je me mets à traiter les autres de tous les noms, je reçois un précieux avertissement qui va m'aider à identifier mes propres besoins.

Mon besoin est donc d'être traitée avec respect, en l'occurrence – cette fois je l'ai compris. Toutefois, je me demande si je ne saute pas une étape et que j'enfouis ma colère si je vais tout de suite à mon besoin ?

Je n'ai pas dit qu'il fallait enfouir sa colère. Au contraire, il s'agit de se l'approprier entièrement, et d'aller chercher où elle prend sa source. À la source de la colère se trouvent toujours des besoins insatisfaits. Dès que je me relie à mes besoins, ma colère se tarit. Ma colère ne peut survivre que si je me coupe de ma vraie vie. Et lorsque cela m'arrive, mon premier réflexe sera de blesser l'autre pour le punir. Quand je suis en colère, je suis dans ma tête, et je me prends pour Dieu en personne. Je suis assis en majesté au sommet d'une montagne et je toise l'autre, tel un juge :

– Tu iras en enfer, mon ami !

À ce jeu, vous avez perdu d'avance, même si vous semblez momentanément avoir gagné la partie et que vous avez pu convaincre l'autre qu'il est dans son tort, et qu'à ce titre, il doit être puni. En effet, le jeu ne se termine pas là ; l'autre se ressaisit, se met à se prendre pour Dieu à son tour, et la guerre commence pour déterminer lequel des deux sera le tyran le plus terrible.

Mais le jeu se complique encore : je peux endosser deux rôles à la fois : être Dieu *et* sa victime. En effet, si je me juge moi-même coupable, si je laisse la honte m'envahir, ou si je tombe dans la dépression, je joue encore le même jeu. Je commence par me traîner moi-même devant le tribunal, pour finir par m'envoyer moi-même en enfer.

Je rends grâce à ces sentiments : colère, culpabilité, honte, dépression. Ils me secouent et m'indiquent que je ne suis pas en lien avec la vie, que je joue dans une pièce de théâtre tout à fait ennuyeuse.

Expliquez-moi les interdépendances entre colère, culpabilité, honte et dépression.

Ces sentiments sont des formes de violence, mais tournées contre soi. Quand je me sens coupable ou dépressif et que j'essaie un instant d'analyser ce qui se passe en moi, de décoder mes pensées, je constate qu'une meute de chacals féroces tourne dans ma tête. Ils me hurlent aux oreilles, jour et nuit, tout ce qui ne tourne pas rond avec moi. À l'opposé, lorsque je suis en colère, ma meute de chacals s'attaque à mon interlocuteur et tente de le mettre en pièces.

La plupart d'entre nous sommes assez flexibles pour passer d'un registre à l'autre : tantôt les autres ont tort, tantôt c'est nous. Ou alors nous passons d'un état à l'autre : d'abord, je suis en colère et je la déverse sur une autre personne ; l'instant d'après, je me fais la morale :

– Mon Dieu ! que suis-je en train de penser d'autrui ?

Et je me sens mal. Puis je me reprends :

– Et zut ! cet idiot de Rosenberg est en train de me transformer en mauviette !

Et la colère repart de plus belle...

Certains d'entre nous ont la colère rentrée ; ils y ont difficilement accès. Ne serait-ce pas indiqué, pour de telles personnes, de laisser d'abord exploser leur colère ?

Prenons une personne qui a vraiment consacré sa vie à enfouir ses colères ; elle est intimement persuadée que la colère est mauvaise et qu'il faut toujours être « gentil » dans la vie. Un jour, elle découvre que cracher sa colère est libérateur, et qu'elle se sentirait mieux de la laisser sortir une fois avec panache. Je serai le dernier à lui déconseiller de le faire. Je suis toutefois persuadé qu'elle se sentirait encore mille fois mieux si elle apprenait à exprimer les besoins qui sont cachés derrière sa colère.

À une période de ma vie, j'ai approfondi le sujet de la colère. Ma muse en la matière a été Mme Élisabeth Kübler-Ross, une collègue médecin très créative, d'origine suisse. Elle est devenue célèbre pour ses travaux sur l'accompagnement de personnes en fin de vie. Elle animait aussi des stages sur la colère. Elle invitait les participants à extérioriser leurs colères en hurlant et en frappant des objets avec des tuyaux en plastique. Je me souviens avoir été emballé par ses méthodes ; j'avais l'impression que beaucoup d'entre nous tirions un réel bénéfice de cet exercice. Donc, dans mes propres stages, j'ai aussi encouragé les gens à laisser sortir leurs colères, même de la manière la plus chacal qui fût. J'ai utilisé ces méthodes pendant deux ou trois ans... jusqu'à ce qu'un jour, une amie dont j'appréciais particulièrement les remarques me confie :

> « Marshall, je suis mal à l'aise. D'une part, je constate que cela fait vraiment du bien d'entrer jusqu'au fond de nos colères ; mais d'autre part, lorsque je me laisse aller à l'escalade de la colère, cela me laisse un goût amer. Mes croyances en sortent renforcées, ce qui, en fin de compte, alimente à son tour la colère. »

Je me suis mis à réfléchir sur une manière d'exprimer complètement ma colère. J'en ai conclu que le plus important, c'est de prendre ma colère au sérieux ! J'ai appris à prendre conscience de mes états colériques, et à réaliser par la même occasion que ce sont mes propres pensées qui me mettent en colère... et non la personne qui a déclenché mon état.

Notre culture nous incite à croire que la violence est parfois bonne, lorsqu'elle permet de punir le méchant. Mais une telle attitude nous coupe de la vie ; nous ne sommes plus vivants. Bien entendu, je ne parle pas d'être vivant comme lorsqu'on se « shoote » à l'adrénaline. En effet, ceux qui raisonnent selon un tel schéma de pensée sont pris dans un cercle vicieux : plus ils sont en colère et plus leur taux d'adrénaline s'accroît. À long terme, une telle attitude est suicidaire, tant pour le corps, pour le cœur, que sur le plan spirituel.

Si nous apprenons à décoder les besoins cachés derrière notre colère, certes, nos émotions resteront fortes, mais la colère va pouvoir s'estomper. Nous rejoindrons, au fond de nous, les émotions primitives destinées à assurer notre survie et à répondre à nos besoins. Il est bien possible alors que je pousse un cri ; ce ne sera pas un cri d'injures, mais un cri d'appel :

– Écoutez-moi ! Et donnez-moi ce dont j'ai tant besoin !

Les sentiments qui affleurent à ce moment-là sont du registre de la tristesse, de l'impuissance, de la blessure ou de la peur ; ils sont douloureux, mais pas destructeurs. Certaines personnes m'ont décrit cette peine, ajoutant qu'elles la vivaient comme nourricière, qu'elles se sentaient revivre.

Je trouve cette différenciation très utile. Vous distinguez la colère accusatrice, tournée contre les autres, d'une colère expressive, qui parle de votre douleur – même si elle est plutôt bousculante. Lorsque j'explose, je peux comprendre quelque chose de l'état de satisfaction de mon « écurie » de besoins : me suis-je bien occupée de mes chevaux-besoins, ou non ?

C'est cela. Il m'a été très utile de me souvenir, encore et toujours, que, lorsque je me mets en colère « à cause » d'autres personnes, en réalité, j'ai quelque chose à comprendre dans mon propre fonctionnement. En ce sens, ma colère est très utile. Je dis souvent aux participants de mes stages :

> « Prenez plaisir à votre colère, comme si vous étiez au théâtre, en train de contempler des chacals en folie ! Écoutez ces voix dans votre tête ; elles vont vous aider à atterrir et à vous apaiser. Une fois le calme revenu, vous pourrez aller chercher ce que cachait votre colère. C'est vraiment important ; tout va si vite en pareille circonstance, et nous n'avons souvent pas conscience de cette accélération. Voilà pourquoi la pièce "chacal" qui se joue dans votre théâtre intérieur est si intéressante. C'est la porte qui nous donne accès à nos besoins. »

Une question personnelle : vous mettez-vous encore en colère quelquefois ?

À vrai dire, de plus en plus rarement. Autrefois, j'étais un gaillard incroyablement colérique.

Il y a quelque temps, j'ai rencontré deux de mes anciens camarades d'école. Ils étaient tout à coup dans le cercle des participants d'un de mes stages, là, assis devant moi. À la pause, l'un d'eux s'approcha de moi :

– Quelle ironie du sort, me dit-il, que ce soit toi, le plus violent d'entre nous, qui nous enseignes maintenant comment communiquer de manière non-violente !

Il se rappelait parfaitement comment j'étais lorsque je fréquentais l'école secondaire. Je pourrais même avouer que j'ai passé la plus grande partie de ma vie à cracher des colères. Avant d'avoir intégré la Communication NonViolente dans ma vie, je crois que chaque jour qui passait m'offrait un sujet de colère ; n'importe quel prétexte était bon. Cela ne fait que dix ans que je ne me mets plus guère en colère. En revanche, je ne me reproche plus de me mettre en colère si cela m'arrive encore. À mes yeux, l'expression de la colère est tout à fait normale. La différence, c'est qu'aujourd'hui, je me mets beaucoup plus rapidement en lien avec mes besoins.

3

Le langage des besoins

« Tout conflit est l'expression tragique d'un besoin insatisfait. »

Je comprends que les besoins sont très importants, mais je dois avouer que ce mot « besoin » m'écorche la langue. On dirait qu'il fait état d'un manque, qu'il parle d'addiction. Avez-vous déjà rencontré des personnes pour qui ce concept est difficile à accepter ?

Oui, c'est fréquent. Moi-même, je n'aime pas ce mot ; il est trop connoté négativement ; il ne reflète pas la beauté qu'il contient. Pour moi, les besoins sont des manifestations de la vie. Or, le mot est souvent associé à l'idée de manque, d'avidité, de dépendance, d'égoïsme, toutes choses peu reluisantes. J'ai longtemps cherché une expression qui décrirait mieux ce que j'entends... mais je n'ai pas trouvé de mot plus adéquat. Il est assez significatif que notre langue et notre culture n'offrent pas pour cela d'autre mot, à consonance plus positive. Nous n'avons jamais appris à considérer nos besoins comme des cadeaux, beaux et précieux.

C'est pourquoi j'ajoute toujours qu'il est question de ces deux sujets :

- Qu'est-ce qui est vivant en nous ? et
- Qu'est-ce qui pourrait nous rendre la vie plus belle ?

J'attache une grande importance à ce que les gens comprennent cette image. Qu'est-ce qui est vivant ? C'est vraiment de cela qu'il s'agit. Je parle des sentiments et des besoins, parce que j'estime que c'est la voie la mieux adaptée pour traiter de ces questions. Mais si quelqu'un trouve mieux, je suis ouvert à toute suggestion.

Je propose d'intégrer les expressions relatives aux besoins dans notre langue quotidienne. Ce n'est pas très difficile à faire, car nous ne pouvons manifester que neuf besoins de base. C'est en tout cas ce qu'affirme l'économiste chilien Manfred Max-Neef. Toute sa théorie est basée sur l'économie des besoins humains.

Quant à moi, j'ai recensé entre 20 et 30 besoins, dont j'ai fait la liste dans mon livre[3]. Toutefois, je reconnais les neuf besoins fondamentaux de Max-Neef. Je suis d'accord avec lui qu'ils recouvrent à peu près toute la palette des besoins humains. Bien entendu, les variations de langage sont multiples pour parler de nos besoins et pour les communiquer à notre entourage. De même, il est important que chacun trouve son propre vocabulaire à ce sujet.

Neuf besoins ? Au premier coup d'œil, j'en vois trois : manger, boire, dormir...

Ces trois besoins-là peuvent se ranger sous le besoin fondamental des *soins corporels.* À ce même registre appartiennent aussi le *bien-être,* la *protection* et la *mise à l'abri du corps.* Les autres besoins fondamentaux sont le besoin de *sécurité,* le besoin de *compréhension* – que j'appelle également le besoin d'*empathie* – le besoin de *créativité,* le besoin d'*amour* – que j'appelle plutôt le besoin d'*intimité* –, le besoin de *jouer,* le besoin de *détente* et de *repos,* le besoin d'*autonomie* et le besoin de *sens ;* on pourrait aussi se nommer ce dernier : besoin de *spiritualité.*

Parler en « langue girafe » revient à trouver, dans les situations les plus diverses, les mots pour décrire ce qui se passe à l'intérieur de nous. Si l'on dispose de son propre vocabulaire, cela va être d'une aide considérable pour faire part de ces neuf besoins fondamentaux.

On sait que les humains sont des animaux grégaires. Nous dépendons donc de nos semblables pour remplir nos besoins. D'un autre côté, je suis seul(e) responsable de mes sentiments et de la satisfaction de mes besoins. Je pense maintenant à un besoin dont j'entends souvent parler et que j'utilise fréquemment : le besoin de respect. N'importe qui souffre s'il n'est pas traité avec respect. Il en va de même de la reconnaissance. Il me semble que le fait de s'exprimer en termes de respect et de reconnaissance nous plonge dans un paradoxe. C'est l'autre qui détermine si je suis traitée de manière respectueuse ou non.

Le mot « respect » n'est pas particulièrement heureux pour décrire le besoin sous-jacent. Par ailleurs, c'est un besoin important, raison pour laquelle nous l'évoquons beaucoup. Pourtant, j'ai observé que, le plus souvent, les gens utilisent le terme « respect » pour nommer quelque chose d'autre ; en fait, ils souhaitent être reconnus pour ce qu'ils sont. Si nous prenions le temps de creuser la question, je parie que nous découvririons plus en profondeur, un besoin d'empathie par-delà le besoin de respect. Mais mettre le doigt sur le besoin d'empathie requiert un niveau de conscience assez élevé. C'est pourquoi la majorité des personnes synthétisent tout cela sous le vocable de « respect ».

Le problème réside dans le fait que les besoins ont une place mineure dans nos façons de parler habituelles, et que les expressions pour les nommer sont plutôt rares. D'autres cultures ont développé un trésor linguistique beaucoup plus élaboré pour les domaines auxquels elles attachent beaucoup d'importance. Ainsi, dans les pays où il neige beaucoup, les peuples ont développé une quantité d'expressions distinctes pour décrire les différents états que peut prendre la neige. Cette problématique des besoins a donc des racines très profondes. Dans notre culture, nous ne portons guère d'attention aux besoins ; notre vocabulaire à leur propos n'est donc pas diversifié. Et souvent se cache déjà dans les mots que nous utilisons, tels que « respect » ou « reconnaissance », une connotation stratégique. Ainsi donc, lorsque nous mentionnons le besoin de respect, ce terme indique déjà à l'interlocuteur ce qu'il est supposé faire. Il ne s'agit plus alors d'un besoin, mais d'une stratégie.

Une stratégie est une idée très concrète ou une manière préférentielle de satisfaire un besoin. Par exemple, lorsque j'éprouve le besoin de me détendre et de me divertir, ma stratégie préférée est d'aller faire une grande promenade. Je suis consciente qu'il existe une quantité d'autres stratégies pour remplir ce même besoin : certains vont faire du sport, d'autres se font couler un bon bain. Nous avons tous les mêmes besoins, mais nos stratégies et conceptions pour les combler sont foncièrement différentes. Et j'imagine que cela va se compliquer sérieusement dès l'instant où il y aura plus d'une personne impliquée dans l'histoire.

Cela fonctionne bien à condition que nous soyons conscients de nos besoins, sans être fixés sur des stratégies prédéterminées. Si je suis au clair avec moi-même, je peux demander à n'importe qui s'il est disposé à me soutenir dans la satisfaction de mes besoins.

Et je pars de l'idée qu'il ne le fera que si c'est de son plein gré. Il n'y a aucune attente ; je dis seulement ce qui me ferait plaisir.

Aucune attente ? C'est vite dit ! Que se passe-t-il si je traverse une crise et que j'ai un urgent besoin que ma meilleure amie soit présente à mes côtés et me donne de l'empathie ? Si je suis honnête, j'attends d'elle qu'elle ne me largue pas à ce moment-là. Et dans les couples, que d'attentes accumulées !

Si j'en reste à ma définition d'un besoin, ce dernier n'a rien à voir avec une personne particulière, ni avec un geste spécifique. Dans la situation que vous venez de décrire, le besoin est mélangé à une demande implicite. Or, il est très important de distinguer les deux choses. À ce moment-là seulement, nous pouvons reconnaître que nous nageons dans l'abondance. Il me suffit de regarder mes besoins en face – sans les lier à aucune stratégie – et le monde entier s'offrira à moi pour les satisfaire.

Dès que nous mélangeons besoin et demande, et que nous avons une idée précise sur la personne qui pourra combler notre besoin ou sur la manière dont cela devra se passer, nous restreignons nos possibilités de satisfaction ; d'une situation d'abondance, nous tombons dans une situation de précarité. Cela se complique encore lorsque l'autre me dit :

« J'ai besoin d'empathie, et c'est toi qui dois me la donner. »

Je vais sûrement entendre là une exigence. Or, je n'aurai aucun plaisir à lui offrir quoi que ce soit si je sens que je suis le seul à pouvoir satisfaire ses désirs. Rendez-vous compte à quel point ce serait lourd pour vous si vous étiez la seule à pouvoir me combler !

Si je réussis à séparer la satisfaction de mes besoins de ma focalisation sur certaines personnes particulières – puisqu'il y a six milliards de personnes sur la planète –, je trouverai certainement quelqu'un pour m'aider... Moi inclus : je peux, par exemple, contribuer à satisfaire mon besoin d'empathie en m'offrant de l'attention à moi-même. Bien entendu, il arrive que j'aie une préférence marquée pour une personne particulière, par exemple pour satisfaire un besoin de douceur et d'intimité. Cela ne change rien au fait que ce besoin pourrait être comblé de mille autres manières.

Lorsque je décide de dévoiler mes besoins à quelqu'un, j'ai intérêt à bien choisir mes mots. Mais, au-delà des mots, l'attitude intérieure et la couleur d'énergie avec lesquelles je vais lui faire part de mes besoins vont compter plus que tout autre facteur.

J'aimerais illustrer mon propos à l'aide d'un exemple. Citez-moi un besoin que vous auriez du mal à communiquer à quelqu'un d'autre.

Dans les relations affectives, des conflits naissent fréquemment autour du besoin d'attention et de connexion ; de nombreux couples buttent sur cet écueil.

Bon, allons voir cela ! Dans ce cas, le sentiment pourrait être la solitude. La femme aurait trois possibilités pour exprimer son besoin de connexion.

Première variante : elle se sent seule car son besoin d'être en lien avec son compagnon n'est pas satisfait. Elle va vers lui et lui dit :

> « Écoute... cela fait tout le week-end que nous sommes enfermés tous les deux dans cet appartement... et je ne me souviens pas que nous ayons échangé un seul mot pendant tout ce temps... tu sais, je m'étais tellement réjouie de passer ces jours ensemble. Bien sûr, je sais que tu es très occupé et que tu dois être à ton ordinateur toute la journée... et je ne voudrais pas

t'importuner... mais j'ai lu récemment que le couple moyen ne passe en réalité que très peu de temps ensemble... tu vois ce que je veux dire : vraiment ensemble... quand j'y pense, cela me rappelle que, à l'époque de mes parents, eux non plus n'avaient pas vraiment de temps à se consacrer... »

Ouf ! merci, j'ai ma dose ! Je crois avoir compris où vous voulez en venir :
« Ne pas être assommante. » Une telle attitude peut rendre l'autre vraiment agressif.

En effet, car quand je suis dans une telle énergie intérieure, je ne me rends plus compte que mes besoins sont un cadeau. Au contraire, je m'ancre dans la cervelle que le fait d'avoir des besoins équivaut à être misérable, dépendante et gênante. Je me construis une image d'être humain qui n'a pas le droit d'en avoir. Puisque je me censure et que je m'interdis d'avoir des besoins, j'appréhende ce même jugement de la part d'autrui. J'argumente alors pendant deux heures pour me justifier... ce qui ne manque pas de lui « taper » sur les nerfs. Il réagit alors par un « ... oui, oui... plus tard... » – ou quelque chose de ce genre –, ce qui me confirme dans mes craintes qu'il n'a aucune envie de passer un moment avec moi.

Et comment devrait se dérouler la variante la plus heureuse ?

Nous devons entrer d'abord dans une conscience particulière, qui va nous aider à voir que nos besoins sont en réalité des cadeaux ; j'appelle cette conscience « l'énergie du Père Noël ». Voilà comment ça sonne :

« Salut à toi, oh bienheureux ! Des six milliards d'hommes et de femmes de la planète, tu es celui que j'ai élu pour répondre à mon besoin d'attention et de contact... »

Et quand je dis cela, je le pense sérieusement ! Si je suis capable de considérer mes besoins comme autant de cadeaux, j'offre à mon compagnon de faire pour moi ce que les humains aiment faire par-dessus tout : contribuer à rendre la vie plus riche et plus belle. Et, comme je suis une girafe, je souhaite que mon partenaire ne comble mes besoins que s'il en a vraiment envie. Il m'est difficile d'imaginer pourquoi mon partenaire aurait des réticences à assouvir mes besoins ; d'un autre côté, s'il décide de ne pas le faire, il a sûrement de bonnes raisons pour cela – pourquoi le ferait-il toujours, d'ailleurs ?

Votre image des besoins cadeaux me parle beaucoup. Je peux ressentir instantanément quel plaisir se cache dans une rencontre sans attentes mutuelles. Même si je ne veux pas satisfaire le besoin de mon vis-à-vis, je peux l'interpréter comme un cadeau, et le remercier pour cela.
Vous avez parlé de trois sortes d'énergies ; je serais curieuse de découvrir la troisième.

Elle offre une certaine ressemblance avec la première variante :

« Vas-tu, oui ou non, éteindre cet ordinateur de merde ? Si tu ne prends pas enfin du temps pour être avec moi, je me casse ! »

En d'autres termes, je pose des exigences. Si je m'exprime de cette manière, il y a fort à parier que j'ai tergiversé longtemps avant de parler de mes besoins, ce qui a fait monter la pression. Quand ma colère explose, il sort de moi des paroles venimeuses. En réalité, le même principe est à l'œuvre que dans le premier exemple : je ne peux pas croire que mes besoins ont de l'importance. Voici comment j'appelle ces trois variantes :

- Première variante : « Ne pas être assommant(e) »
- Deuxième variante : « Le Père Noël »
- Troisième variante : « C'est comme ça, sinon... »

J'ai l'impression que beaucoup de personnes pensent qu'elles sont responsables des besoins de leurs semblables. Elles ont alors peur de dire « non », lorsque quelqu'un leur demande quelque chose. Et cela les amène à consentir à des choses, alors qu'elles n'ont pas vraiment envie de le faire.

Je ne connais pas pire situation que de dire « oui », alors que je pense « non ». C'est vraiment très dangereux et je vais vous expliquer pourquoi.

Un jour, à deux heures du matin, on a sonné à ma porte. Il pleuvait des cordes. Une femme se tenait là, sur le perron, enceinte jusqu'aux dents, et pleurant de toutes les larmes de son corps :

– Mon mari m'a jetée hors de la maison. Je lui avais simplement demandé quelque chose et il m'a dit : « Dehors, fous le camp d'ici ! »

Il y a des façons plus agréables de se faire réveiller ! Rien n'était clair dans cette situation. Je lui dis :

– Entrez ! Êtes-vous une de mes voisines ?
– Non, je viens de l'autre côté de la ville.
– Et qu'est-ce qui vous amène ici, pour l'amour du Ciel ?
– J'ai appelé ma mère qui habite en Californie (à cette époque, j'habitais au Texas) et je lui ai raconté que mon mari m'avait jetée dehors. Ma mère a suivi un de vos stages récemment, et c'est elle qui a eu l'idée que je vienne parler avec vous ; alors, je suis venue.
– Ah ! je vois !
– Je suis mariée depuis huit ans avec mon mari. Jusqu'ici, il a toujours été aux petits soins avec moi, satisfaisant tous

mes désirs avec le sourire. Et subitement, alors que je ne lui demandais qu'une broutille, il m'a hurlé au visage : « Fous le camp ! »

Moi, j'avais tout de suite compris quel était le problème. Pendant huit ans, ce mari avait dit « oui », tout en pensant « non ». Il avait dit des milliers de « oui », parce qu'il avait peur de dire des « non ». Toutes ces choses, il les avait faites pour acheter l'amour de sa femme et pour éviter de se sentir coupable – mais non pas parce qu'il les voulait vraiment ! Une telle attitude coûte extrêmement cher. Dire toujours « oui » équivaut à réprimer continuellement ses propres besoins. Petit à petit, une énorme colère intérieure se lève à l'intérieur de soi. Mon hypothèse s'est avérée totalement juste, dans le cas présent.

D'où tenez-vous pareille certitude ?

Parce que j'ai réveillé le type. Je me suis dit que ce n'était pas normal que je sois là, en pleine nuit, à discuter avec sa femme, pendant qu'il dormait tranquillement ! Je l'ai appelé et l'ai invité à venir se joindre à notre petite assemblée. Nous avons discuté toute la nuit. Son problème, c'est qu'il n'avait aucune idée de ses besoins. C'était un bon type, au fond. Méfiez-vous des personnes toujours gentilles ! Les gens « girafes » ne sont pas des gentils.

J'aimerais tenter de faire la synthèse d'une de mes principales prises de conscience autour de la question des besoins. Les besoins sont très importants ; si nous les considérons comme des cadeaux, nous pouvons les utiliser pour faire plaisir à nos amis et connaissances. En d'autres termes, l'attitude intérieure compte plus que le langage. Et enfin, mon bonheur dans la vie ne dépend pas de la satisfaction de mes besoins par d'autres.

Bouddha a résumé cela élégamment sous la forme d'un adage :

« Ne sois jamais dépendant(e) de tes stratégies. »

Tiens ! à propos de Bouddha... J'ai toujours cru que les bouddhistes s'efforçaient de se libérer de leurs besoins une fois ou l'autre.

J'ai déjà eu de longues discussions à ce sujet avec des bouddhistes. J'apprécie hautement la philosophie bouddhique ; j'ai puisé moi-même sans vergogne dans le patrimoine bouddhique pour construire mes idées. Mais je crois pouvoir affirmer que le Bouddha n'a jamais dit : « N'aie aucun besoin ! » Je ne peux pas imaginer qu'il ait dit une telle ânerie. Nous ne vivrions pas longtemps sans air ! Mais certains bouddhistes avec qui je me suis entretenu ont une vision différente des choses : de leur point de vue, celui qui n'a plus de besoins est devenu une sorte de saint.

Peut-être est-on libéré de ses besoins lorsque l'on atteint l'illumination ?

Même à ce moment-là, il faut continuer à faire pipi... et je suis sûr que les illuminés prennent parfois un repas. N'allez pas me raconter qu'ils ne mangent ni ne boivent plus rien. Je ne vous croirais pas.

4

La philosophie de l'abandance

« À chaque instant, nous avons la possibilité, soit de servir la vie, soit de la détruire. »

Vous partez de l'idée qu'une grande partie de l'Humanité parle et pense en « langue chacal », que nous avons tous appris à critiquer, à évaluer et à juger. Comment chacun peut-il agir pour modifier ces comportements et ces modes de pensée si profondément intégrés ? Comment faites-vous pour inciter les gens à se remettre en lien avec leurs sentiments et leurs besoins, puis avec ceux de leurs interlocuteurs ?

Je me fonde sur l'auto-empathie. Le plus souvent, je commence mes stages en m'adressant aux participantes et participants en ces termes :

« Je vous propose de vous remémorer une situation récente, où vous avez fait quelque chose que vous regrettez aujourd'hui.

Autrement dit, si je répète ce que je viens de dire en langue "chacal" : quand avez-vous fait une faute pour la dernière fois ? Vous reconnaîtrez que ce stage aura porté ses fruits au signe qu'il ne vous viendra plus jamais à l'idée que vous puissiez commettre une faute. En effet, jamais personne n'a fait, ni ne fera quoi que ce soit de faux. Or donc, si vous croyez encore en ce moment que les fautes existent, veuillez noter la situation à laquelle vous pensez. Et notez également les réflexions que vous vous êtes adressées à vous-mêmes, au cœur de cette situation. »

J'appelle la voix qui nous parle de nos propres erreurs notre juge intérieur. Les jugements sont très importants dans notre vie, car nous voulons à tout instant savoir si ce que nous faisons contribue à servir la vie. Et la question est : comment nous jugeons-nous lorsque nous ne sommes pas absolument parfaits ? Depuis l'enfance, nous avons été drillés à passer tous nos comportements au filtre de principes moraux : juste, faux, bon, mauvais. Au lieu d'être doux avec nous-mêmes, nous avons appris à nous adresser à nous-mêmes des reproches. Cela nous conduit à émettre des prophéties, qui effectivement se réalisent. Si je me dis toute la journée : « Mais ce que je suis bête ! », il y a en effet peu de chances pour que je devienne un jour intelligent.

Le moyen de nous reprogrammer dans une autre logique, c'est de commencer par nous-mêmes, de transformer notre système de pensée en un système au service de la vie. Dans un tel système, il n'y a place ni pour les reproches, ni pour les punitions, ni pour la honte, ni pour la culpabilité. Au fond, notre juge intérieur veut contribuer à la satisfaction de nos besoins ; il tente de remettre en question notre comportement sous cet angle de vue. Malheureusement, ce pauvre juge a été élevé dans la langue « chacal ». Comment faire alors pour tirer des leçons de nos comportements sans commencer à nous haïr nous-mêmes ? Les intentions de notre juge sont bonnes ; il nous reste donc à lui expliquer comment il pourrait évaluer notre comportement de manière non-violente. Ainsi, pourrons-nous trouver une façon plus efficace de satisfaire nos besoins, qui nous soit moins pénible.

Concrètement, que signifient vos expressions « plus efficace » et « moins pénible » ?

Admettons un instant que je sois un chien et que je dévore quelque chose qui me rende malade. Je vais certainement essayer alors d'apprendre quelque chose de cette expérience, afin de remplir à l'avenir mon besoin de nourriture d'une façon « plus efficace » et « moins pénible ». Or, malheureusement, je ne suis pas un chien mais un être humain, et s'il m'arrive pareille aventure, je m'adresse des reproches du genre :

> « Comment as-tu pu être aussi stupide ? Tu manges toujours toutes ces cochonneries, alors que tu sais pertinemment que tu ne les supportes pas. Quand vas-tu enfin devenir raisonnable ? »

C'est ainsi que je découvre la raison de ma mésaventure : je ne suis qu'un imbécile... ce qui m'autorise à recommencer une prochaine fois. Chaque fois que j'observe des chiens, je les envie. Les chiens n'ont pas à traverser les mêmes épreuves que les humains pour aller satisfaire leurs besoins !

Si mon juge intérieur avait été éduqué à aimer la vie, il porterait une attention particulière à mon comportement ; lorsqu'il me verrait agir en m'écartant de mes besoins, il me demanderait amicalement :

> « Es-tu sûr que ce que tu fais là va réellement servir la vie ? »
> Et si la réponse était négative :

« Que pourrais-tu faire pour y parvenir d'une manière plus efficace et moins pénible ? »

Cela me permettrait de ne pas m'adresser de reproches, et d'éviter de croire que j'ai fait quelque chose de faux. Mais je ne croirais pas davantage que j'ai fait quelque chose de juste. Je suis bien obligé de constater que plus nous analysons toute chose avec notre mental, moins nous sommes en vie. Alors enseignons donc la « langue girafe » à notre juge intérieur. Nous y parviendrons en nous intéressant à lui et en lui donnant de l'empathie. C'est à l'aide de l'auto-empathie que nous rééduquons notre juge intérieur. Nous aurions tant à apprendre de nos limites. Si seulement nous pouvions prendre plaisir à nous comporter de travers, sans pour autant immédiatement perdre notre estime de nous-mêmes. C'est là que l'auto-empathie est une qualité très utile et très bienfaisante.

Le théologien Paul Tillich ne cesse de répéter : vivre signifie avoir du courage, y compris le courage de pécher. Cela passe par la prise de responsabilité, à tout instant, de la manière dont nous voulons façonner notre vie. Nous ne saurons qu'après coup si nous avons réussi ou échoué dans ce pari.

J'ai envie de creuser votre exemple. Je viens d'engouffrer trois parts de tourte Forêt noire... et je me sens barbouillée. Mon juge intérieur statue :
« Ça vient du fait que tu es toujours si vorace et gloutonne. »
Je me tourne alors vers lui en tentant d'identifier son besoin avec empathie. Cela me permet de découvrir qu'en fait, il voudrait me dire :
« Je veux à tout prix éviter que tu ne tombes malade ; je veux que tu te nourrisses sainement et que tu te sentes bien dans ta peau. »
Cela, je peux bien le comprendre. Cependant, il reste un problème non résolu. Même si j'admets volontiers que les trois

parts de Forêt noire sont néfastes pour mon estomac, en réalité, en les avalant, j'ai satisfait un autre besoin important. Cette tourte était tout de même diablement bonne.

En effet ! Jusqu'ici, je n'ai parlé que de mon juge intérieur. Mais il y a encore un autre personnage important en moi, c'est le décideur intérieur, responsable de nos choix. Dans le cas particulier, c'est à lui que nous devons nous adresser. C'est lui qui se soucie que notre vie soit épanouissante et belle à tout instant. Sa fonction est de nous nourrir et de veiller sur nous. C'est une tâche colossale – il y a tant de choses qui peuvent nous enrichir la vie. Rendez-vous compte : combien de choix votre décideur a-t-il déjà dû faire depuis ce matin pour définir votre journée ?

> « À quelle heure vais-je me lever ? Que vais-je manger ? Où vais-je aller ? Que dois-je dire ou faire si je rencontre quelqu'un ? »

Notre décideur intérieur a vraiment beaucoup de travail. D'un autre côté, cette métaphore nous montre aussi la richesse impressionnante à laquelle nous avons accès, et notre incroyable puissance. Chacun et chacune d'entre nous est en soi une centrale de production d'énergie ; nous disposons de ressources inouïes. À chaque instant de notre vie, nous avons le choix, soit de servir la vie, soit de la détruire. Il y a de très nombreuses décisions à prendre. J'attache une grande importance à cette prise de conscience : nos paroles et nos actes ont un pouvoir certain. Posons-nous la question :

> « Comment est-ce que j'utilise toute cette richesse ? »

En d'autres termes, le boulot de notre décideur intérieur est de veiller à ce que notre vie soit épanouie ; et notre juge intérieur est là pour évaluer si nous atteignons ce but ou non. Nous avons à collaborer avec ces *deux* autorités en nous de manière empathique.

Je reviens aux participants de mes stages. Lorsqu'ils ont consigné les affirmations de leur juge intérieur, je les invite à se tourner vers leur décideur intérieur. Et je pose la question suivante :

> « Lorsque tu t'es comporté(e) de cette façon que tu décris comme fautive – par exemple en avalant trois morceaux de tourte Forêt noire – qu'est-ce qui t'a poussée à le faire ? Quel était ton besoin à ce moment-là ? »

Nous donnons donc de l'empathie à notre décideur intérieur, et essayons de le comprendre.

Ni le décideur, ni le juge n'ont de mauvaises intentions. Ils forment une seule et même équipe et s'occupent les deux de notre bien-être. Or donc, quoi que nous fassions, commençons par entrer dans la conscience que nous n'avons pas commis de faute. Quoi que nous ayons fait, nous avions de bonnes raisons de le faire ; nous avions un besoin à combler. Cela ne signifie pas que je justifie mon comportement ; je cherche juste à voir ce qu'il en est. Je ne dis pas que c'était juste, ni que c'était faux.

Pour moi, l'auto-empathie représente ceci : nous apprenons à comprendre notre juge intérieur, à entendre avec empathie ce qu'il nous signale de nos besoins insatisfaits. Et nous prêtons attention aux déclarations d'intention de notre décideur intérieur lorsqu'il énumère les besoins qu'il voulait satisfaire. Parfois les deux autorités ont le même besoin, mais le décideur a opté pour une stratégie qui n'a pas abouti au but recherché. Ou alors sa stratégie – si efficace qu'elle paraisse – n'est pas agréée par le juge intérieur, parce qu'elle laisse de côté d'autres besoins importants.

Et que penser d'un décideur qui déclarerait : « Si j'ai mangé autant de Forêt noire, c'est parce que ma mère m'en a remis un morceau sur l'assiette chaque fois qu'elle était vide et que, comme c'était son anniversaire, je n'ai pas voulu la décevoir, d'autant plus qu'elle s'était donné une grande peine pour me la confectionner » ?

J'espère que votre décideur intérieur n'utilise jamais le jargon des fonctionnaires[4] :

« Je devais le faire. » « Je n'avais pas le choix. » « L'ordre venait d'en haut. » « Je n'avais pas le temps. » « Nous avons toujours agi ainsi. » « C'est la loi. »

J'appelle jargon de fonctionnaires ces multiples façons de refuser de prendre la responsabilité de nos actes. J'espère que notre décideur intérieur sait comment dire : « J'ai décidé de faire cela... » Parce qu'à mon avis, nous ne faisons jamais rien que nous n'ayons librement décidé. L'« Amtssprache » est une langue très dangereuse ; j'ai repris ce terme d'Adolf Eichmann. Durant son procès en tant que criminel, on lui demanda si cela avait été difficile d'envoyer des milliers de personnes à la mort. Il répondit : « Pour dire vrai, c'était extrêmement facile. » rajoutant aussitôt que le langage lui avait singulièrement simplifié la tâche. Lui et ses collègues officiers parlaient ce jargon, ce qui leur donnait l'impression de ne pas être responsables de leurs actes. Ce sont eux qui ont nommé cette langue « Amtssprache ».

Ainsi, ce que nous voulons, c'est inviter notre décideur intérieur à prendre la responsabilité de ses décisions, et à s'exprimer dans la langue girafe qui parle de nos besoins.

Je me pose la question du pouvoir réel du décideur intérieur. Dans notre système de valeurs, je redoute que ce soit le juge intérieur qui ait le plus d'influence. Mettons que je me lève tous les jours à sept heures pile, pour commencer mon travail à huit heures précises. En fait, je trouverais autrement plus chouette de rester au lit, de prendre une tasse de thé tranquillement, et de lire jusqu'à midi, puis, après avoir téléphoné à mes amis, de commencer à travailler quand bon me semblerait. Mon juge intérieur déclare : « J'ai besoin que tu sois efficace. »

Mon décideur se plie et obéit, et je me lève à sept heures. Mais cela ne signifie pas que je le fais volontiers !

À ce moment-là, nous devons offrir une écoute bienveillante à notre décideur intérieur, de sorte qu'il cesse d'agir ainsi. Parce que nous ne voulons en aucun cas qu'il fasse quoi que ce soit qui ne soit amusant pour lui[5].

Amusant ? Et qu'est-ce ce que je fais des paperasses qui s'empilent sur mon bureau ?

Un jour – je travaillais alors comme psychologue dans une clinique –, j'ai décidé de dresser la liste des activités que je me croyais obligé d'exercer, alors que je les avais en horreur. Et je ne voulais plus rien faire sans y trouver de plaisir. Même le travail le plus harassant est un plaisir si je l'entreprends dans le but de servir la vie.

En tête de la liste de mes activités détestées, j'avais écrit : rédiger des rapports médicaux sur mes patients – un travail épouvantable, qui n'avait aucun sens à mes yeux. J'ai cherché alors la raison pour laquelle je les rédigeais malgré tout, ces rapports ; la seule que j'aie trouvée était de recevoir mon salaire à la fin du mois. Et c'est vraiment la dernière des raisons à invoquer. Je ne cesse de le dire, depuis lors, dans chacun de mes stages :

« Ne travaillez jamais pour de l'argent ! »

À votre avis, l'argent n'est donc pas une bonne motivation si elle est la seule ? D'un autre côté, l'argent peut améliorer la vie de toutes sortes de manières différentes.

Je dis à qui veut l'entendre qu'il ne faut tirer de l'argent que d'un travail qu'on aime faire. Comprenez-vous la différence ? Ne travaillez jamais pour de l'argent, mais préoccupez-vous de trouver l'argent nécessaire pour effectuer le travail que vous aimez faire. Aucune mère n'allaite son enfant avec l'idée d'obtenir son repas en échange. En revanche, si elle n'a pas son repas, elle ne pourra pas allaiter son petit.

Je comprends la différence. Effectivement, je me lèverai avec plus de plaisir le matin si j'ai conscience que mon travail me comble. Mais je doute que cela fonctionne toujours ainsi. Combien d'hommes et de femmes n'ont-ils comme seul objectif que d'assurer leur subsistance, à eux et à leur famille ?

Je vous recommande chaleureusement de convaincre votre décideur intérieur de ne jamais rien entreprendre pour aucune des raisons suivantes : par goût de l'argent, pour se faire aimer, pour obtenir de la reconnaissance, pour éviter une punition, par culpabilité, par devoir. C'est ce que je veux dire quand j'exhorte les gens de ne plus jamais agir si ce n'est pas amusant pour eux de le faire.

Je ne suis pas vraiment sûre d'avoir compris ce que vous vouliez dire par « agir en s'amusant ». Il me semble que cette formule a quelque chose d'irritant, elle fait penser à de l'insouciance.

L'idée ne vient pas de moi. Je l'ai lue pour la première fois dans un ouvrage du spécialiste en sciences des religions qu'est Joseph Campbell[6]. Cet homme a consacré sa toute sa vie à étudier assidûment les religions du monde entier. Il a constaté que toutes les religions étaient basées sur un même principe fondamental : Ne faisons rien si ce n'est par plaisir ; tout deviendra facile si nous agissons exclusivement dans le but d'honorer notre besoin de servir la vie – que certains appellent Dieu. Si c'est vraiment notre seule motivation, notre travail, si dur et astreignant soit-il, sera plaisant. Lorsque j'ai lu le livre de Joseph Campbell pour la première fois, j'avoue être resté tout d'abord perplexe. Mais je vois toujours plus clairement en quoi il est réellement important que je fasse tout ce que je fais par plaisir.

Je travaille souvent dans des pays où il est question de vie ou de mort. Nous essayons alors d'empêcher l'exploitation des personnes et de prévenir les génocides à grande échelle. Parfois, la situation est très dangereuse. Dans ces circonstances, il m'est très utile d'avoir une vision claire de la raison qui me pousse à me mettre dans de pareils pétrins : je veux contribuer à ce que la vie soit digne d'être vécue. Dès ce moment-là, tout devient facile.

Et qu'en est-il des personnes qui luttent pour leur simple survie ? Je veux dire, des personnes qui n'ont aucun choix.

Votre question est passionnante, car, dans de nombreux pays où je me rends, la situation est exactement celle que vous décrivez. J'ai vu des enfants de quatre ans parcourir de longues distances pour aller chercher de l'eau pour leur famille. Dans les familles de classe moyenne de notre monde occidental, nous disons aux enfants de sortir la poubelle, que chacun a sa tâche dans le ménage. Je prétends que l'énergie que mettent les enfants occidentaux à aider au ménage est autre que celle des enfants conscients du fait que la survie de leur famille dépend de l'eau qu'ils transportent. Donc, si je dis qu'une chose est facile, cela ne veut pas dire que ce soit toujours un jeu. En d'autres termes, ce n'est pas comparable de faire des choses par devoir – ou pour de l'argent, si je transporte de l'eau pour de riches patrons – que de les faire en pleine conscience de mes besoins ou de ceux de mon entourage.

Je commence à comprendre ce que vous voulez dire. Je me vois, en effet, très bien agir avec cette sorte d'énergie que

vous décrivez. Mais, par ailleurs, dans bien d'autres domaines, cela ne fonctionne pas de cette manière.

Vous voulez dire que, dans certains domaines, vous n'avez pas encore appris comment cela fonctionne ? Je suis très prudent quand j'entends des formules telles que

« Ça ne va pas ! » ou « Je ne peux pas. » Quant à moi, je préfère dire « Je ne sais pas encore comment faire. »

En fait, nous devons avoir une conscience claire et beaucoup d'empathie pour notre décideur intérieur – et pour la manière dont il remplit ses propres besoins – si nous ne voulons rien faire qui ne soit facile pour nous.

J'ai eu droit à une épreuve toute trouvée le jour où je commençais à dresser ma liste et à vérifier mes raisons d'agir. Il était deux heures du matin, et, dans la chambre voisine, mon bébé se mit à crier. Que croyez-vous que me dicta mon décideur intérieur ?

« Tu dois aller nourrir ton bébé ! »

J'ai grommelé furieux et me suis extrait du lit, chargé de cette énergie négative. Mais j'étais encore dans la réflexion sur la manière d'inciter mon décideur à ne jamais rien faire qui ne soit facile pour lui. Là, en pleine nuit, j'étais confronté à un véritable défi ; mais je restai de glace et me remis sous la couette. Mon Dieu, ce que c'était bon ! Et je me suis souvenu, à cet instant, du bon goût que cela peut avoir de ne rien faire qui ne soit léger. Certes, le bébé criait toujours... et je voyais déjà les manchettes des journaux, le lendemain :

« J'étais à la recherche de la légèreté de l'être. »

Un psychologue dérangé laisse son enfant mourir de faim.

Cela a duré à peine dix secondes. Le « Je dois » s'est évanoui, et j'ai pu me représenter cet enfant dans la chambre voisine, qui ne sait pas encore comment se procurer de la nourriture et qui a faim. Je me suis levé d'un bond et je lui ai donné le biberon... et je l'ai fait avec plaisir. Ce n'était pas moi, c'était quelque chose en moi qui agissait ainsi, tout naturellement.

Nous avons appris à faire les choses par devoir. Mais ce n'est pas la bonne manière, car le devoir n'est pas un besoin naturel.

Comment avez-vous finalement résolu votre problème de rédaction de rapports ? Avez-vous trouvé un moyen d'effectuer ce travail avec facilité ?

Quelques semaines plus tard, j'envoyais ma démission de ce poste ; après quoi je n'ai plus jamais rédigé aucun rapport sur un patient. Au début, j'ai fait chauffeur de taxi, car je n'avais pas encore compris comment remplir tous mes besoins avec facilité. Conduire un taxi était de toute façon une activité plus intéressante que de rédiger des rapports sur des malades. Cependant, ce n'était pas encore vraiment une activité aisée – du moins au sens où je l'entendais. Il m'a fallu un certain temps pour la trouver cette activité. Entre-temps, j'ai trouvé ma voie : aujourd'hui, je gagne ma vie en me mettant face à un groupe et en faisant du théâtre avec des marionnettes de chacals et de girafes.

5

La force de l'empathie

« *Chaque fois que deux ou trois d'entre vous sont réunis en mon nom...* »

Pour arriver à entrer en contact avec les sentiments et les besoins – que ce soient les nôtres ou ceux d'autrui –, il est nécessaire de nourrir un lien très particulier avec la vie, avec soi-même et avec les autres. Dans notre langue habituelle, nous parlons souvent de sympathie. De votre côté vous utilisez régulièrement le terme d'empathie ou de compassion. Je comprends de plus en plus clairement que la CNV est fondée avant tout sur une certaine attitude intérieure.

Martin Buber, dans son livre « Moi et toi », décrit l'empathie comme le cadeau le plus précieux qu'un être humain puisse offrir à un autre être humain[7].

Pour moi, l'essence de ce merveilleux cadeau est une forme très spéciale de présence ; nous sommes ici au cœur de la

Communication NonViolente. Quand nous sommes en empathie avec quelqu'un, il n'y a plus rien d'autre que l'instant présent : je lui donne ma totale attention. Cela signifie, en particulier, de laisser les « chevaux pensées » à l'écurie. Dans l'instant présent, il n'y a pas de place pour des réminiscences du passé.

Avec ma formation de psychologue, cautionnée par toutes ces théories sur le comportement humain, je pourrais avoir tendance à diagnostiquer la personne qui se trouve en face de moi, et à nommer sa pathologie. Et même si vous n'êtes pas psychologue diplômé, vous pourriez être tenté par le même raisonnement :

> « Je le connais comme ma poche ; j'ai beaucoup lu ; je vois bien ce qu'elle a ; c'est parce que... »

Or, si vous ramenez des éléments du passé dans le moment présent, vous paralysez l'empathie. À sa manière, Martin Buber le dit aussi, et d'une manière très poétique :

> « Malgré toutes les ressemblances, chaque situation de vie est comme un nouveau-né : elle a un nouveau visage, que personne n'a jamais vu auparavant et qui ne se reproduira pas. Cette nouvelle situation exige de nous une réponse que nous ne pouvons pas préparer à l'avance. Rien de ce qui appartient au passé ne peut être utile ; cette situation en appelle à notre présence et à notre responsabilité ; elle nous invite à être simplement nous-mêmes. »

On attend alors de moi rien moins que toutes mes ressources...

L'empathie est vraiment le cadeau le plus merveilleux que vous puissiez offrir à quelqu'un. Par ailleurs, je me rends bien compte que nous ne pouvons pas offrir une présence longue sans que nos pensées nous rattrapent. Et ce n'est pas un reproche. Si je constate que mon cerveau analytique se met en branle, j'appelle mes « chevaux pensées » et je leur dis amicalement : « Allez, retournez à l'écurie ! »

Je sais par expérience que la force de l'empathie est énorme, même si je ne réussis pas à assurer une totale présence à tout instant. L'autre personne ressent de toute façon que je cherche à établir le lien avec elle.

Ne pas confondre l'empathie avec la compréhension intellectuelle des choses, ni avec la sympathie, voilà l'essentiel. Si j'écoute quelqu'un qui va mal et que je lui dis : « Je suis vraiment triste que tu ailles mal », je tombe dans la sympathie. Être en empathie signifie se connecter aux sentiments de l'autre, et non aux miens propres. Si je donne de l'empathie, et que mes sentiments se manifestent, je sais que j'ai déjà perdu le contact avec l'autre personne. Alors je m'adresse à mes « chevaux pensées » avec tendresse et leur dit : « Rentrez à l'écurie ! »

Mais n'est-ce pas tout naturel que nous soyons touchés sur le plan émotionnel quand nous sommes à l'écoute d'une personne qui va mal ?

Prenons l'analogie suivante : vous avez mal aux dents ou la migraine, et vous êtes plongée dans un livre passionnant, totalement absorbée. Que se passe-t-il avec la douleur ? Les douleurs sont toujours là, mais vous, vous êtes ailleurs.

C'est la même chose avec l'empathie. Nous faisons cadeau à l'autre d'une présence totale ; nous ne réfléchissons pas à notre opinion sur ses paroles. Lorsque nous donnons de l'empathie à quelqu'un, nous ne nous occupons pas de ce qu'elle pense – ce qui ne veut pas dire que nous sommes d'accord avec elle. Si nous approuvons ce que dit l'autre, nous ne sommes plus en empathie.

Être en empathie et approuver sont deux attitudes distinctes. Je suis persuadée que beaucoup de personnes confondent ces deux attitudes. Et c'est pourquoi il est vraiment difficile d'écouter, particulièrement si une personne s'exprime de manière provocante. Cela me soulage vraiment de découvrir que, pour comprendre une personne – même en situation de conflit –, je n'ai pas besoin d'être du même avis qu'elle. Naturellement, ce n'est pas toujours si facile.
Pourriez-vous m'expliquer, une fois encore, sur quoi vous portez votre attention pour être totalement présent à l'autre ?

Je porte mon attention sur l'énergie divine qui habite et traverse la personne que j'écoute. Comme cela peut paraître un peu abstrait, je préfère dire « ce qui est vivant en elle ». Jusqu'à maintenant je n'ai pas trouvé d'expression meilleure pour illustrer ce que j'entends par là. Pour moi, la vie et l'énergie divine sont des synonymes. C'est très difficile de décrire cette idée avec des mots.

Le spécialiste en sémantique Alfred Korzybski l'a très bien illustré. Il écrit : ***« La carte n'est pas le pays. »*** Autrement dit, plus grande est la beauté, plus pauvre est la langue pour exprimer cette beauté.

Les instruments qui nous permettent de nous relier à l'énergie divine, je les appelle sentiments et besoins. Je mets donc toute mon attention à refléter les besoins et les sentiments.

Nous avons déjà parlé de la difficulté à se mettre en lien avec les sentiments et les besoins si la personne en face de moi parle la langue chacal. Que faites-vous si quelqu'un déballe devant vous ses histoires d'enfance ?

Je ne l'accompagne pas dans son enfance, car l'enfance, c'est du passé. L'empathie est toujours en action dans l'ici et maintenant.

La plupart des gens pensent que, pour obtenir de l'empathie, elles doivent ressasser toute leur histoire. En réalité, ils ou elles ne saisissent pas exactement ce qu'est l'empathie et pensent qu'il m'est nécessaire de savoir ce qui s'est passé pour que je sois en mesure de les comprendre. Or, quand je me mets en empathie avec eux ou elles, je ne les accompagne jamais dans l'exploration de leur passé. Toutes ces histoires ne m'intéressent pas, ni leurs pensées. Je me relie à ce qui est vivant dans l'instant ; je peux le faire dans le silence de mon cœur. En fin de compte, l'empathie peut très bien se passer de paroles.

Je ne commence à utiliser des mots que lorsque je tombe de ma planche de surf. Donner de l'empathie ressemble à surfer sur une vague. Le surfeur sait comment se faire entraîner par l'énergie de la mer. Si je ne suis plus tout à fait sûr d'être connecté à l'énergie qui traverse la personne en face de moi, je lui exprime les sentiments et les besoins qui me paraissent l'habiter. À son tour, la personne écoutée peut corriger mon ressenti au cas où un autre sentiment l'habiterait. Ce faisant, nous rétablissons le lien qui nous unissait.

Est-ce que l'empathie ne serait pas un moyen à notre disposition pour descendre dans les couches profondes de l'être, d'aller voir ce qui se passe derrière la légende personnelle que nous nous sommes racontée jusqu'ici et que nous avons racontée à tout notre entourage ?

En effet ! Car dans la façon habituelle de parler de nous, les sentiments et les besoins n'ont pas leur place. Notre esprit rationnel a composé des histoires :
« Je me souviens que mon père m'a fait ci et ça... »

L'empathie consiste à traduire les histoires de vie, les théories et les interprétations des faits. On dira par exemple :

« Quand tu penses à ton père, est-ce que tu te sens... ? »

L'empathie, c'est une certaine qualité de présence. Je tourne toute mon attention vers les sentiments et les besoins de la personne que j'écoute. Lorsque je ne suis pas sûr que nous soyons réellement sur la même longueur d'ondes, je peux vérifier si ma perception correspond à ce qui vit dans la personne en lui posant directement la question.

J'utilise encore la parole à un autre moment, même si je suis totalement sûr d'être en lien. Si quelqu'un se montre très vulnérable en me racontant ce qu'il vit, cela peut être aidant et tranquillisant de lui confirmer que je suis bien présent à lui. Certaines personnes aiment que quelqu'un reflète leurs sentiments ; d'autres préfèrent qu'on les écoute avec attention sans rien dire. Pour le savoir, on se met en contact avec la personne et avec la situation. Et il peut aussi arriver que l'on se trompe.

Un jour, je donnais un atelier pour des couples. Un des hommes a essayé de donner de l'empathie à sa compagne, sur le thème de vieillir. Il me semblait que la femme allait pouvoir exprimer clairement sa douleur ; j'avais également l'impression que l'homme était vraiment présent à elle. Si j'avais été à sa place, je me serais comporté de la même manière que lui ; j'aurais écouté ma femme en silence. Or, elle lui a crié au visage :

– Dis quelque chose, n'importe quoi ! J'ai besoin de savoir si tu me comprends.

Donc, cette fois-là, il avait deviné les choses à l'envers. Elle aurait souhaité être écoutée de manière plus active.

L'homme suivant voulut tirer la leçon de l'erreur de son collègue. Sa partenaire était aussi très au fait de ce qu'elle ressentait. Et lui aussi me semblait très présent à elle. Il commença à reformuler ce qu'il entendait :

– Est-ce que tu es triste parce que... ?
Elle se mit en colère :
– Cesse donc de répéter mes paroles comme un perroquet. Moi, j'ai besoin d'une réponse de ta part !

Il nous arrivera donc plus d'une fois de tomber « à côté », et il n'y a rien de mal à cela. Les girafes ne cherchent pas à être parfaites. Si nous voulons être parfaits, nous avons une telle peur de nous tromper que nous n'essayons même pas.

Voici ma suggestion : essayons, chaque jour qui passe, de renoncer un tout petit peu à l'une de nos croyances limitantes. À partir de ce moment-là, nous prendrons plaisir à nos erreurs, car elles nous permettront d'apprendre quelque chose de nouveau sur nous-mêmes.

Comment peut-on apprendre l'empathie ? J'ai comme l'impression qu'elle est fondée sur une attitude intérieure face à la vie, et qu'on ne peut l'acquérir qu'au prix de longues thérapies en suivant une voie spirituelle ou en se confrontant à d'autres formes d'expériences.

On commence par s'interroger sur ses sentiments et ses besoins. Et même si vous êtes encore en train de vous battre avec les quatre étapes de la démarche – *l'observation, les sentiments, les besoins et la demande* – et que vous n'êtes présent dans l'écoute qu'à 20 %, vous avez déjà fait un pas de géant : vous êtes un bébé girafe.

Il y a peu, j'ai été invité par un grand réseau qui s'intéresse à la prévention de la violence et conseille les personnes en situation de crise. J'ai animé un atelier pour les collaboratrices et les collaborateurs de ce réseau. Ils avaient été formés par des psychologues ; pour eux, l'empathie selon ma définition était un mot étranger. Nous avons fait un jeu de rôles avec une personne qui ne voulait plus vivre. J'ai demandé à tous les participants d'écrire comment ils ou elles réagiraient face à une telle personne. Environ 80 % des participants écrivirent des questions telles que :

« Quand a commencé cette phase ? » ou

« Croyez-vous que votre attitude va résoudre le problème ? »

Malgré tout, cette institution rencontre un certain succès ; le taux de suicides a baissé dans cette ville. Cela signifie, à mon avis, que même un tout petit peu d'empathie peut faire bouger les choses. Il suffit parfois d'avoir un interlocuteur direct avec qui il est possible de discuter au téléphone. Mais nous pourrions faire bouger les choses de manière encore plus formidable. Imaginez un numéro de téléphone que les personnes en dépression pourraient appeler en tout temps ; des interlocuteurs leur fourniraient de l'empathie « high-tech ». Quelle merveilleuse opportunité ce serait pour eux !

Et comment amenez-vous les gens à offrir de l'empathie « high-tech » ?

Pour expliquer l'empathie, je me sers souvent de métaphores, comme celle du surf. Il s'agit de se laisser porter par l'énergie naturelle de la personne écoutée, du flux qui la traverse. Comme dans le surf sur l'eau, j'ai confiance dans l'énergie sur laquelle je surfe. Il ne suffit pas d'appliquer mécaniquement les recettes de la CNV : cela ne marche pas ; nous perdons le contact avec l'autre. Par ailleurs, les gens sont contents de disposer d'une méthode ; ils me disent parfois :

> « Je connais ce sentiment particulier d'être relié à l'autre, mais je ne trouve pas toujours en moi la source de ce flux d'énergie. Les quatre étapes que me propose la CNV sont un bon soutien pour me permettre d'établir la connexion. »

Je suis persuadé que tous les hommes et toutes les femmes disposent d'un potentiel d'empathie, mais ils ou elles ne savent pas comment le mettre en valeur.

Je connais une parabole bouddhiste qui décrit très bien de quoi il s'agit :

> *« Si tu cherches à monter sur une montagne parce que tu espères trouver à son sommet la Vérité, Dieu ou quelque chose à quoi tu aspires, mais qu'une rivière te sépare du pied de la montagne, tu chercheras une barque pour la traverser. Mais si tu prends ensuite la barque sur ton dos pour grimper sur la montagne, tu es un fou. »*

Il m'arrive souvent de citer cette parabole pour expliquer aux personnes qui apprennent la CNV que la méthode n'est pas le but ; elle n'est qu'un instrument parmi d'autres pour y parvenir. Il est primordial de ne pas s'attacher à la méthode, mais juste de s'en servir pour arriver à se mettre en lien avec notre force intérieure.

Dans de nombreuses villes d'Allemagne[8], des groupes de pratique se sont organisés pour permettre à qui le souhaite d'intégrer de mieux en mieux la CNV dans sa vie quotidienne. Ces « groupes girafes », qui se réunissent à intervalles réguliers, permettent de passer de l'apprentissage d'une méthode à l'intégration dans son attitude de vie générale. Je rencontre souvent des gens me dire que la lecture d'un de vos livres ou la participation à l'un de vos stages leur a ouvert une porte.
Vous venez de me parler de personnes tentées par le suicide ou tombées en dépression. Peut-on aider ces personnes en utilisant la CNV ?

Je rencontre souvent des personnes qui se battent contre de grosses douleurs intérieures ; certaines suivent une psychothérapie depuis de longues années ; d'autres consomment des antidépresseurs pour se maintenir en équilibre dans leur vie. Il arrive fréquemment que de telles personnes me disent, après une séance d'empathie qui peut durer 45 minutes, qu'elles constatent un changement radical à l'intérieur d'elles. Au début, je n'arrivais pas à y croire moi-même.

Que faites-vous au juste ?

Je demande à la personne de me nommer la source de sa douleur, de me dire avec quelle personne faisant ou ayant fait partie de sa vie ce profond conflit intérieur est corrélé. Presque toujours, il s'agit de son père ou de sa mère – ce qui n'est pas vraiment surprenant. Parfois, il s'agit de leur ex-partenaire.

J'endosse alors le rôle de cette personne. Je m'assois en face d'elle et je lui dis :

> « Ce n'est pas un exercice à blanc pour jouer avec la CNV. Ta tâche est maintenant de dire simplement ce qui est vivant en toi, aussi honnêtement que tu le peux. Moi, je suis cette autre personne, et je vais t'écouter avec empathie. »

Quand j'endosse un pareil rôle, je mets mes oreilles-girafes. Cela veut dire que je m'ouvre et que je cherche à entrer en lien avec elle. J'écoute ce qui est vivant dans son cœur, là, juste dans l'instant. Dans ce rôle de père, je me relie à toutes ces souffrances qu'elle a vécues, enfant, et qu'elle vit encore aujourd'hui.

Dans ce rôle de père, vous faites quelque chose qui ne se passe quasiment jamais dans la réalité. Vous vous mettez à l'écoute de ces blessures mal fermées que votre comportement de père a induites chez votre fils ou votre fille... patiemment et avec compassion.

Cela m'est arrivé encore récemment au cours de mon dernier atelier. J'avais en face de moi une femme qui avait subi comme enfant beaucoup de violence de la part de son père, en particulier de la violence psychique. Je l'ai écoutée avec empathie, lui disant à peu près ceci :

– Tu aimerais bien que je voie la rage que tu portes en toi depuis toutes ces années. Ta vie avec moi n'était que peur et impuissance, et tes besoins de sécurité et de respect n'étaient pas remplis...

Là-dessus, elle a hoché de la tête en silence et s'est mise à pleurer.

... et c'est vraiment douloureux pour toi, parce que tu espérais tellement qu'un jour ou l'autre nous réussirions à nous rencontrer. Tu sens que nous partageons les mêmes besoins de proximité et de connexion...

Elle pleura de plus belle, et dit :

– Oui !

Nous eûmes plusieurs échanges de ce type. À un moment donné, je vis qu'elle se détendait. Être ainsi comprise au plus profond d'elle-même avait déjà produit son effet, même si je n'étais pas le vrai père. Juste sentir, là, ce que cela fait dans ses tripes d'être vue d'une autre manière.

Ensuite, j'ai exprimé mes regrets. Je fais une différence entre exprimer ses regrets et s'excuser. S'excuser est un concept de la langue chacal, car, quand je m'excuse, j'avoue que je suis un homme abominable et que je mérite une punition. Lorsque j'exprime des regrets, je descends dans des couches beaucoup plus profondes de mon être intérieur et je me confronte à ma propre douleur. Je lui ai alors dit ceci :

– Lorsque j'entends tout ce que tu as traversé parce que j'étais incapable, à ce moment-là, de gérer autrement mes propres souffrances, je n'ai plus de mots assez vrais pour te dire combien je suis triste. J'aurais tellement voulu pouvoir contribuer à nourrir la proximité et la confiance auxquelles tu aspirais.

La femme en face de moi s'est remise à pleurer :

– Je suis si seule. Toutes mes relations se cassent. Cette boule de souffrance s'insinue chaque fois entre mon partenaire et moi. Toutes les personnes que j'aime me fuient.

Puis, je suis remonté dans le passé, à l'époque où j'étais ce père si violent – non pas pour discuter sur ce qui était arrivé, mais pour partager avec elle ce qui se passait en moi lorsque j'étais si violent face à elle.

J'insiste sur la différence : à mon avis, plus les gens font des discours sur le passé, moins ils sont en situation de guérir. Donc, je ne retourne dans le passé que pour offrir une chance à la petite fille d'entendre la vérité de ce que vivait son père à cette époque. Je me suis exprimé en ces termes :

« Vois-tu, je suis très touché par ce que tu me dis à propos de ta solitude et de cette douleur qui se met en travers de toutes tes relations. Je m'aperçois que je les connais bien ces sentiments. J'ai été moi-même si seul toute ma vie. J'ai tant souhaité entrer en contact profond avec toi et avec ta mère… et je ne savais pas comment le dire avec des mots. Je sais bien que tout ce que je vous disais, à toutes les deux, c'était des jugements. Si j'avais mieux observé tes réactions, j'aurais pu voir de la peur dans

tes yeux. Mais tout ce qui me venait à l'esprit, c'est que tu me manquais de respect. Et cela me mettait encore plus en colère.
« Je ne pouvais pas montrer ce qui se passait en moi. Je ne pouvais pas te faire voir combien je me sentais seul... autant que toi aujourd'hui. C'était impossible. Alors, je filais dans ma tête et je te fusillais du regard – et pour le reste, tu te souviens assez combien j'étais violent. »

La femme était soufflée de l'exactitude de mon propos. Elle savait que son vrai père avait vécu exactement ce que je venais de raconter. Elle se remit à pleurer une nouvelle fois.

Quelques instants plus tard, cette boule si douloureuse au fond d'elle s'effaça pour faire place à une lueur de légèreté. Pour la première fois depuis le début de l'atelier, un léger sourire détendit son visage.

L'ensemble de la scène dura moins d'une heure. Quelque chose de fondamental s'était passé chez cette femme, comme si la boule avait fondu. Je suis persuadé qu'il lui reste beaucoup à travailler pour se libérer totalement de son histoire, et qu'elle n'atteindra pas le bonheur absolu du premier coup. Mais il m'arrive souvent d'entendre des hommes et des femmes me dire qu'ils ou elles se sont senti guérir à un niveau très profond lors de telles séances d'empathie.

Quand vous donnez de l'empathie dans la peau d'un autre, comment faites-vous pour connaître son ressentiment ? Comment est-ce possible de se glisser dans la vie intérieure de ce père ?

Cette femme m'a posé la même question :
« Mon Dieu ! comment avez-vous fait pour savoir tout cela ? Je suis absolument sûre que mon père avait exactement ces mêmes sentiments. »

Je le sais parce que ce n'est pas un rôle que je joue... je *suis* ce père ! Et vous aussi, vous pouvez être ce père. Nous sommes tous une parcelle de l'énergie divine ; tous ensemble nous sommes Un. Je sais ce qui s'est passé dans cet homme ; quels que soient les sentiments qui l'animaient, ce sont aussi les miens. Je ne suis pas en train de faire des suppositions, je suis ce père. Je prends acte de ce qui m'arrive.

Depuis lors, j'ai entraîné de nombreux formateurs ; ces hommes et ces femmes ont aussi pu le faire ; donc, je sais que ça marche. Je ne suis pas en train de jouer, ni de penser ; je suis dans ma peau et dans celle de l'autre personne en même temps.

Après que j'eus écouté cette femme, ce fut *elle* qui put me donner de l'empathie. Ce pas est capital : pouvoir donner de l'empathie à son père à travers moi. Seul ce passage-là permet la guérison. À ce moment, une sorte de pardon peut avoir lieu. L'empathie et le pardon sont liés à mon avis. Dit autrement : si nous sommes en empathie, alors il n'y a plus rien à pardonner.

Avez-vous déjà reçu des critiques pour vos assertions, des critiques qui diraient à peu près ceci : « C'est facile, chacun peut prétendre qu'il entre dans le personnage de ce père. Mais comment voulez-vous vérifier ? »

À ces sceptiques, je propose d'enregistrer de telles séances d'empathie. Par la suite, il est possible de transmettre cet enregistrement à la personne dont j'endossais le rôle. Le plus souvent, ces personnes ne sont pas disponibles pour vérifier la pertinence de mon ressenti par le dialogue. La première fois que j'ai pratiqué un tel enregistrement, j'ai pris le rôle d'un mari qui battait sa femme. Comme ce mari avait refusé de venir à la séance, sa femme lui rapporta la cassette enregistrée à la maison, lui faisant entendre le contenu de la séance de guérison. Plus tard, elle m'a rappelé, profondément émue :

« Il a écouté la cassette en pleurant d'un bout à l'autre, et plus fort encore quand vous parliez en son nom. »

Je reçois de tels retours régulièrement.

Comment faites-vous pour donner de l'empathie, encore et encore, à des personnes dont le comportement est si blessant pour les autres ? Comment faites-vous pour supporter à la longue toutes ces histoires de vie si terribles ?

Un jour, j'ai organisé un stage pour des femmes et leurs pères, des pères incestueux. Un de ces pères a commencé à s'adresser à sa fille en ces termes :

« Tu l'as bien cherché… »

Je l'ai interrompu :

« Stop ! J'ai besoin d'une pause. »

J'ai quitté la salle et me suis offert à moi-même vingt minutes d'auto-empathie ; puis, je suis revenu dans le cercle des participants. Parfois, il me faut plus de vingt minutes.

Que dois-je faire si j'ai en face de moi une personne qui aimerait de l'empathie, mais que je ne peux pas en donner, soit parce que c'est moi qui en aurais besoin à ce moment-là, soit parce que je me sens vide et fatiguée ?

Qui a dit que vous *deviez* donner de l'empathie ?

Un jour – c'était un dimanche matin –, un agent de police m'a amené une jeune femme qui s'était couchée sur les rails de chemin de fer. N'ayant pas le courage de me téléphoner pour prendre rendez-vous avec moi, elle avait fait ce geste, sachant pertinemment qu'elle se ferait emmener de force chez moi par la gendarmerie.

J'ai très rapidement remarqué que je n'avais aucune envie de lui parler à ce moment-là, parce que j'avais besoin de temps pour moi. J'ai dit à cette femme :

– Madame, je ne me sens moi-même pas très bien en ce moment et j'ai besoin aujourd'hui de temps et de calme pour me ressourcer. Seriez-vous prête à revenir demain pour que nous puissions avoir un échange, et accepteriez-vous, d'ici là, de vous éloigner de toute voie de chemin de fer ?

Elle m'a regardé, ébahie.

– Oui, d'accord ! a-t-elle fini par dire.

Donc, j'avais réussi à préserver mon dimanche matin, mais j'avais terriblement mauvaise conscience et je me faisais des reproches :

« Comment as-tu pu renvoyer une jeune femme prête à se suicider... juste parce que tu avais besoin de temps pour toi ? »

Cette pensée m'a poursuivi encore pendant de longs mois. Avais-je agi de manière irresponsable ?

Le Premier de l'An suivant – environ six mois plus tard –, je trouvai un message de cette jeune femme dans ma boîte aux lettres. Elle me remerciait pour les entretiens que nous avions eus ensemble, et plus particulièrement d'avoir accueilli avec patience son long silence lorsqu'elle était revenue le lendemain et avait peur de parler. J'avais, en effet, attendu tout le temps qu'il lui avait fallu pour trouver au fond d'elle-même assez de sécurité pour commencer à se raconter. Sa lettre se terminait en ces termes :

« ... mais ce dont je vous suis le plus reconnaissante, c'est du cadeau que vous m'avez fait lors de notre toute première rencontre. Vous m'avez offert la chance de faire quelque chose pour vous ! J'étais tellement sûre de ne rien avoir à donner. »

J'ai bien retenu la leçon : les besoins sont des cadeaux. Mais si la personne en face de moi considère mes besoins, non pas comme un cadeau, mais comme une marque de rejet...

... à ce moment-là, il ne s'agit plus de ce que vous avez dit, mais de la manière dont cette personne l'a pris.

Si cette jeune femme m'avait dit, en interprétant ma réaction de travers :

– Cela se confirme que personne ne veut avoir à faire à moi !

je ne lui aurais pas répondu :

– Je n'ai pas dit cela !

mais plutôt :

– Merci de me partager ce que vous avez compris de mes paroles...

... et c'est vrai que je suis reconnaissant. Si quelqu'un me répète le message qu'il a entendu, cela me donne une opportunité de corriger le tir. Je peux faire tomber les écailles de ses yeux, et lui montrer la différence entre ce que j'ai essayé de lui dire et ce que ses stupides oreilles (de chacal) ont entendu. Naturellement, jamais je n'utiliserais l'expression « stupides oreilles » ; je luis dirais quelque chose, du genre :

– Pourrais-tu me dire comment je pourrais te partager mes besoins, sans que tu les interprètes comme un refus de discuter avec toi.

Cela me semble souvent difficile de trouver toujours les mots justes pour dire les choses de manière non-violente. Si je peux me permettre... la langue CNV classique a parfois quelque chose d'académique. Pour beaucoup de gens, cette façon de parler leur est étrangère. Le mot « besoins », à lui seul, leur donne des boutons.

Un jour, j'ai eu à enseigner la CNV à un groupe de jeunes délinquants. Je me suis présenté, et je leur ai annoncé que je pouvais leur apprendre quelques bonnes stratégies de communication. L'un d'eux me renvoya :

– Stratégie de communication de merde, oui. Si je rencontre dans la rue un type qui porte un flingue, tu veux que je lui communique quoi, hein ?

À quoi j'ai répondu :

– Est-ce que tu as peur d'entrer en contact avec quelqu'un dans de telles conditions ? Est-ce que ton besoin de sécurité n'est pas OK ?

Il s'est levé d'un bond et m'a crié à la figure :

– Eh ! vieux schnock, sache que rien, absolument rien ne m'effraie !

Ce jeune homme m'a appris quelque chose sur la CNV. La leçon, c'était que, si je veux établir un lien avec lui, je dois parler sa langue. Je me suis lancé dans une répartie d'un autre style :

– Ah ! Ah ! tu veux me faire comprendre que c'est dangereux de chercher à communiquer, surtout dans ton quartier, c'est ça ?

– Ouais, tout juste !

Pour me mettre en connexion avec ses sentiments et ses besoins, j'ai dû passer par son vocabulaire. Là, cela redevenait acceptable. Je ne vais donc pas forcément parler de sentiments et de besoins, mais choisir les mots qui passent le mieux. En réalité, ce ne sont pas les mots qui comptent, mais la qualité du lien qui s'établit.

Je continue d'être fascinée par vos différentes approches simultanées de la CNV, à la fois politique, socio-pédagogique, psychologique et thérapeutique. Aborder toutes ces couches vous amène à brasser ensemble des thèmes traités par des professions distinctes, du moins dans l'organisation de la société que nous connaissons.
Mettez-vous à la place d'une personne qui cherche de l'aide. Vers qui se tourner, au fond ?

Un journaliste m'a déjà posé une fois cette question en ces termes :

> « Comment doit faire une personne qui partage vos convictions pour trouver le thérapeute qui lui convienne ? »

Si j'avais su d'avance l'irritation dans laquelle me mettrait cette interview, j'aurais peut-être choisi mes mots avec plus de précautions. Je lui ai répondu ceci :

> « J'attendrais qu'il neige ; je commanderais ensuite un hélicoptère et je survolerais le pays pour trouver l'adresse vers laquelle convergent le plus de traces de pas. Je pense que les gens sentent en général très vite qui les écoute le mieux, et ils se dirigent alors vers cette personne. J'ai connaissance de travaux de recherche qui comparent les comportements en entretien de thérapeutes professionnels avec ceux de personnes non formées. Les résultats de cette recherche montrent que les clients apprécient tout autant

les séances d'écoute avec des non-professionnels qu'avec des professionnels. »

Le journaliste a conclu :

– Donc, quelqu'un pourrait très bien dire qu'il se sent mieux quand il va discuter au bistrot avec le barman !

– Eh bien ! à sa place, j'irais voir le barman... ai-je répondu.

L'article du journaliste était intitulé :

LE DOCTEUR ROSENBERG L'AFFIRME :
LE BARMAN AIDE AUSSI BIEN QUE LE THÉRAPEUTE.

J'ai failli être exclu de l'association des psychologues professionnels en raison de cet article. Et pourtant je suis persuadé que le processus de guérison a lieu quand deux personnes se rencontrent sur un plan empathique. Pour Martin Buber, la guérison découle d'une rencontre authentique entre deux êtres humains, eux aussi authentiques. Et non pas quand un professionnel travaille avec un patient.

On pourrait aussi tourner les choses ainsi : La capacité d'offrir de l'empathie n'est pas liée à une profession, mais elle signe le caractère professionnel d'un ou d'une thérapeute. En effet, si je vous comprends bien, l'empathie est la condition incontournable pour qu'une guérison puisse avoir lieu.

La tradition chrétienne le dit à sa manière :

« Chaque fois que deux ou trois d'entre vous sont réunis en mon nom, je suis parmi vous. »

Cette parole m'aide à comprendre d'où vient cette force de guérison que j'observe à l'œuvre, encore et encore. Si je me relie à cette énergie divine, je peux la laisser couler à travers moi, et je constate qu'elle soigne des plaies très profondes, et que le processus de guérison est plus rapide que je n'aurais jamais osé l'imaginer. Je suis confronté à tant de situations où je vois des êtres si profondément blessés, dont la colère est si intense et les douleurs si indescriptibles que jamais je n'aurais pu espérer qu'un jour ces plaies béantes pourraient se refermer. Et pourtant.

Le travail de réconciliation me permet de confirmer cette observation. En 1993, j'ai réuni vingt Serbes et vingt Croates. J'ai eu de la peine à trouver un pays qui veuille bien accueillir cette rencontre ; tous craignaient un bain de sang. Nous avons fini par nous réunir en Hongrie. Tant du côté serbe que croate, les participants avaient vu des membres de leur famille assassinés par la communauté opposée. Une des femmes croates n'avait plus vu de Serbes depuis ce jour où un groupe d'hommes était venu dans son appartement à Vukovar pour abattre son frère sous ses yeux. Elle était là, en compagnie de vingt Serbes. De leur côté, les Serbes avaient vécu des atrocités semblables.

Les trois premiers jours, ce fut un enfer. Je me disais, en mon for intérieur :

> « C'est complètement fou, ton truc. Comment veux-tu que ces personnes puissent un jour laisser derrière elles de pareilles expériences, et rétablir des relations normales entre elles. »

J'ai fait de mon mieux. J'ai traduit chaque parole chacal en sentiments et en besoins, et lorsqu'une moitié d'entre eux était encore trop remontée contre l'autre, je leur ai donné des flots d'empathie, juste pour que ces hommes et ces femmes puissent à nouveau écouter. J'ai ainsi fait la navette entre les uns et les autres, pendant trois jours.

Le quatrième jour, l'atmosphère se détendit quelque peu. L'un des hommes proposa même de suivre une messe en commun. Cela signifiait trouver une église où la messe serait dite en serbo-croate. Le groupe se sentait si soudé que tous se rendirent dans le lieu que l'on avait trouvé. Quant à moi, je suis resté dehors et j'ai attendu – je n'aurais de toute façon rien compris au serbo-croate. Après 40 minutes de cérémonie, l'une des femmes serbes sortit en hurlant de l'église :

« Je ne veux plus être ici, je rentre à la maison, j'aurais dû m'en douter, ces Croates ne sont pas capables de comprendre. »

Puis tout le groupe surgit de l'église, vert de rage. Personne n'avait remarqué que le prêtre était croate, et ce dernier, loin de se douter que des Serbes assistaient à sa messe, avait émis dans son prêche une remarque méprisante pour le peuple serbe. Les quatre jours de laborieuse réconciliation avaient été réduits à néant par une seule parole. Mais j'ai réussi, en criant plus fort qu'eux, à les ramener tous ensemble à notre local de travail. Nous avons repris cette phrase et vu la puissance qu'elle contenait ; nous avons décortiqué l'avalanche de sentiments qu'elle avait entraînée. Par chance, il nous restait trois jours pour nous retrouver.

Les personnes de ce groupe continuent à se voir aujourd'hui. Elles sont engagées dans des programmes de maintien de la paix, et se soutiennent mutuellement. À leur tour, elles ont organisé des entraînements à la Communication NonViolente, auxquels des milliers de Serbes et de Croates ont déjà participé. Au début, je n'ai pas cru qu'une réconciliation serait possible un jour, tant les racines du conflit étaient profondes.

Quand je donne de l'empathie dans des contextes pareils, mon esprit rationnel me souffle à l'oreille : « Oublie ! Il n'y a aucune issue ! » Mais si je fais simplement tout ce qui est en mon pouvoir pour rétablir le lien entre les parties, une fois ou l'autre, ça se dénoue. C'est une sorte de miracle. Ce n'est pas moi qui agis ; je ne peux pas guérir ces plaies ; que peut faire un homme seul pour apaiser toute cette souffrance ? Mais la bonne nouvelle, c'est que nous n'avons rien à *faire*. Quand nous sommes en lien empathique avec une personne, de l'énergie divine nous traverse ; c'est elle qui fait le travail à notre place.

Je crois que nous avons tous cette force en nous ; elle est là, simplement. Ce qui ne veut pas dire que nous y ayons accès en permanence ; la porte d'accès à cette énergie est souvent bouchée. Mon travail est d'aider les gens à retrouver cette force en eux. Je les invite à se souvenir d'une situation où ils désiraient vraiment contribuer à enrichir la vie d'une autre personne. Ce devait être leur seule motivation ; pas question de salaire, ni de récompense, ni de reconnaissance, ni d'amour à quémander.

Et comment se sent-on en pareil cas ? Nous connaissons tous ce sentiment.

Oui, et ce qui est étonnant, c'est qu'effectivement, je peux me relier n'importe quand à ce sentiment – si je le veux. Vous parlez d'énergie divine. Qu'est-ce que cette notion recouvre pour vous ? Croyez-vous en Dieu ?

Ce ne sont pas mes mots. Je ne crois pas en quoi que ce soit ; je vis une expérience. Qu'est-ce d'autre que de l'énergie divine, lorsque je m'occupe de guérison ou de réconciliation ? Ce n'est pas une croyance, c'est une observation. Chaque jour, j'expérimente comment cette énergie divine est capable de renouer les liens entre les êtres humains. Je ne crois pas en l'énergie électrique, mais je sais ce qui se passe quand je presse sur l'interrupteur ; je vois la lumière et j'observe qu'il y a un câble qui arrive à la lampe. La force vient donc de quelque part.

C'est donc que la CNV est bien plus qu'une simple méthode pour gérer des conflits.

Oui, la CNV est une méthode... pour se relier à l'énergie divine.

J'utilise encore une autre métaphore pour expliquer le rôle que joue la CNV dans l'établissement de cette relation. Lorsque j'ai appris à faire du ski, il y avait le remonte-pente des débutants : une sorte de gros câble métallique qui tournait sur deux poulies et qui vous tirait au sommet d'une petite bosse. Il fallait saisir le câble à pleines mains, d'abord de manière très souple, en le laissant couler entre ses doigts, sous peine d'être renversé, puis le serrer progressivement. Au début, je trouvais cela terriblement difficile à faire. Au bout du premier jour, mes gants tout neufs étaient déjà réduits à l'état de charpie par le frottement contre le câble. Puis j'ai remarqué qu'on pouvait acheter, pour la modique somme d'un dollar, une espèce de crochet métallique, un objet tout simple qui permettait de se « brancher » sur le câble. Tout à coup, cela devenait un jeu d'enfant de se faire tirer.

La CNV, pour moi, est un outil aussi simple que ce crochet. En soi, la pièce n'a rien d'extraordinaire, mais elle permet de se relier à cette énergie. On doit un peu s'exercer avant d'avoir pigé comment ça marche... mais après, c'est tout simple !

6

Aller visiter le cœur de mon ennemi

« Au-delà du Bien et du Mal, se trouve un lieu… »

Vous nous avez raconté que vous avez passé de nombreuses années de votre vie à vous « coltiner » des colères et des rages, et que vous avez même posé des actes de violence…

Oui, ma biographie en est truffée ! Et c'est bien parce que je me suis battu à coups de poings avec d'autres, autrefois, que je peux aujourd'hui endosser le rôle de personnes violentes.

Et qu'avez-vous donc fait de si terrible ?

La dernière fois que j'ai frappé quelqu'un, c'était à l'Université. Cela m'a presque valu un renvoi. Je voulais entrer dans une association d'étudiants. Mais il faut se souvenir qu'aux États-Unis, de telles associations sont des clubs élitaires, très courtisés par de nombreux étudiants. Cette fois-là, 50 étudiants briguaient une place, mais cinq seulement furent reçus. La veille du jour où nous devions nous présenter, mon meilleur ami me raconte qu'un des étudiants très influents de l'association aurait affirmé que les étudiants juifs ne seraient de toute façon pas acceptés dans l'association. Or, cet étudiant plus âgé avait eu la mauvaise idée de loger dans la chambre voisine de la mienne, au foyer des étudiants. Un soir que j'essayais de me concentrer à ma table de travail, ce voisin encombrant avait mis sa stéréo un peu trop fort. J'ai fait irruption dans sa chambre et lui ai dit quelques aménités très peu non-violentes, puis, sans le laisser répondre, je l'ai tabassé. Aujourd'hui, cela ne me pose aucun problème de savoir ce que ressent une personne qui en frappe une autre… ou qui veut la tuer.

Vous n'aviez pas forcément choisi la meilleure stratégie pour entrer au club… N'empêche que cet homme avait bien tenu des propos antisémites, non ?

Oui. Mais que gagnons-nous à taxer quelqu'un de raciste ou d'antisémite ? Dès que nous le faisons, nous participons au même schéma de pensée que lui. Lorsque je repense à cet homme avec mes lunettes d'aujourd'hui, je le vois comme un représentant d'une certaine classe sociale, ayant grandi dans un bain socioculturel particulier. Il n'en est pas méchant pour autant.

Aujourd'hui, cela ne me viendrait plus à l'esprit de le désigner comme raciste ou antisémite, car lorsque je le range dans un tel tiroir, je perds de vue l'homme qu'il est. L'ironie du sort veut que lorsque je classe un personnage de cette manière, je deviens pareil à lui, qui classe les juifs en bloc.

Que pensez-vous des situations typiques de discrimination ou d'injustice ? N'est-il pas important de prendre des positions radicales ?
Prenons le mouvement de libération des femmes. Il a eu le succès que l'on sait parce qu'il a mis le doigt, explicitement, sur les inégalités entre hommes et femmes, et qu'il a posé des exigences.

Si vous voulez. Moi, je vois l'autre face de la médaille. À cause de cette radicalité, le mouvement a gaspillé une partie de son potentiel en luttes intestines. Il s'est consumé en frottements internes : les femmes qui se sont dressées contre les hommes ont trouvé en face d'elles d'autres femmes qui refusaient d'estampiller tous les hommes comme d'incorrigibles trous du cul. Le camp des femmes était divisé entre celles pour qui les hommes étaient le produit de notre système éducatif – tout comme les femmes, d'ailleurs –, et celles qui marinaient dans leurs colères. Pourtant, la colère est un bon signal ; elle nous indique qu'un de nos principaux besoins n'est pas assez satisfait. D'un autre côté, la colère est aussi un signal évident que notre manière de pensée nous conduit tout droit vers la non-satisfaction de nos besoins.

Je suis bien obligé de constater que ce phénomène apparaît dans presque tous les mouvements à caractère politique. On trouve les « anti » qui organisent des manifestations contre les « pro ». En troupeau serré, ils gueulent sur leurs « ennemis », les traitant de tous les noms.

Et puis, il y a les autres... qui espèrent modifier les structures de manière non-violente. Je considère leur engagement comme beaucoup plus prometteur.

Mais comment considérez-vous les situations qui exigent une réponse violente ? Comment agiriez-vous dans un État totalitaire pratiquant systématiquement l'humiliation

sociale, ethnique ou politique ? Resteriez-vous là, sur une chaise, à contempler ce qui se passe sans bouger ?

Si vous me mettez dans l'alternative de réagir par la violence ou de ne rien faire, je répondrai comme Gandhi :

« Entre passivité et violence, je choisis la violence. »

Je suis, en effet, persuadé que de se retirer et de laisser faire un gouvernement criminel contribue bien plus à alimenter la violence que de recourir à la contre-violence – ou du moins tout autant. On ne peut pas rester sans rien faire face à un criminel de grande envergure, tel que Hitler. Et pas non plus dans le cas d'une guerre comme celle que Bush a lancée.

C'est un discours un peu passe-partout. Ce Bush que vous critiquez tient le même discours :
« Nous aimerions bien ne pas nous servir de la violence, mais nous ne pouvons pas assister les mains dans les poches à la panique que les terroristes de tous bords sèment de par le monde. »

Pour Gandhi, l'utilisation de la violence était admise en tout dernier recours quand il ne restait vraiment plus qu'une alternative : assister à la terreur ou intervenir. Mais il était persuadé que d'autres approches des problèmes étaient bien plus efficaces. Il a montré une troisième voie, plus puissante que les deux options précédentes, et qui promet de bien meilleurs résultats. Gandhi n'aimait pas entendre parler de lui comme de l'apôtre inconditionnel de la non-violence.

Saviez-vous que le terme même de non-violence n'est pas de lui ? En réalité, personne ne savait, en Occident, comment traduire ses expressions « *Ahimsa* » – l'état de non-agression – et « *Satyagraha* » – la recherche indéfectible de la vérité. Lorsque les idées de Gandhi commencèrent à percer dans nos pays, il a tout à coup été question de non-violence, car aucun journaliste n'avait trouvé comment transcrire dans nos langues ces deux merveilleuses expressions. Pour Gandhi, ces deux paroles décrivaient la puissance de transformation qui naît quand des êtres humains commencent à s'occuper les uns des autres. Il partageait la vision de Rumi, que ce dernier a traduite dans son poème[9] :

« Au-delà du Bien et du Mal,
se trouve un lieu ;
c'est là que nous allons nous rencontrer. »

C'est exactement à ce lieu-là que pensait Gandhi ; il savait que nous sommes plus forts quand nous partons de ce lieu-là. Il ne cessait de dire :

« Je suis affamé de puissance ;
je veux changer le cours des choses. »

Mais jamais il n'a cru qu'il existait sur terre des êtres humains méchants. Il était profondément convaincu que le début du changement se situe dans l'instant où nous commençons à voir la beauté de cette vision.

À votre avis, peut-on envisager qu'une guerre soit juste ?

Non. Quand je critique les interventions militaires des États-Unis, beaucoup de gens me demandent :

« Mais qu'auriez-vous fait, *vous,* lorsque votre marine a été bombardée à Pearl Harbour ? »

Ce à quoi je réponds :
« À ce stade du conflit les possibilités de réponse sont effectivement assez limitées, mais que se serait-il passé si nous avions adopté une autre politique deux ans auparavant ? »

J'ai entraîné le corps de police israélien à la gestion des conflits. Immanquablement, j'ai dû répondre à la question :
– Que nous reste-t-il comme choix, lorsque quelqu'un nous tire dessus ?

J'ai alors demandé :
– Analysons ensemble les cinq dernières situations où quelqu'un a tiré sur vous. Dans les cinq cas, le tireur avait-il déjà fait partir le coup quand vous arriviez sur les lieux de l'événement ?
– Non. Dans aucune des cinq situations. Il y eut toujours, d'abord, un échange de paroles, avant que la fusillade ne commence.

Les policiers ont reconstitué devant moi cet échange de paroles. Quand j'ai entendu ce qui s'était dit de part et d'autre, j'ai compris tout de suite pourquoi la fusillade s'était déclenchée.

Voilà ce que je crois : quand nous sommes arrivés au point où un bombardement a eu lieu, la marge de manœuvre devient effectivement très étroite. Je reste cependant persuadé que, même à Pearl Harbour, il aurait été possible de préserver des milliers de vies humaines si nous avions choisi d'autres formes de négociation.

Malheureusement, de telles variantes de négociation ne sont quasiment jamais envisagées, car nous sommes encombrés d'une croyance profondément enracinée : il existe des Méchants, et nous, qui sommes les Bons, nous devons libérer la Terre des

Méchants. Les États-Unis se sont appuyés sur ce schéma de pensée pour expliquer leur attitude dans tous les conflits dans lesquels ils se sont immiscés jusqu'à aujourd'hui. Ils appellent cela des « interventions humanitaires » et moi : de la logique de chacal. La même idéologie est transmise aussi par le serment sur le drapeau américain. Lorsque j'étais écolier, j'ai dû prononcer chaque jour ce serment, la main sur le cœur ; j'étais fier d'être un Américain, et de compter parmi les Bons.

Aujourd'hui, ce lavage de cerveau ne vient plus tant des écoles que des médias. Il y a 80 ans, la morale était forgée par l'Église, l'École et la Famille ; aujourd'hui, la Télévision les a tous remplacés… et fait le travail de manière beaucoup plus subtile, et plus universelle. Plus besoin d'aller à l'église ; les gars et les filles américains d'aujourd'hui vont à l'école, et regardent *en plus* la télévision pendant cinq heures par jour en moyenne – c'est le résultat d'une enquête américaine[10]. Et qu'y apprennent-ils ? Que les forces du Bien ont vaincu les forces du Mal, qu'à ce moment-là, on ressent les plus beaux sentiments du monde, et que l'univers dans lequel ils et elles habitent est l'univers des Bons. Entre leur enfance et leur adolescence, les jeunes Américains auront vu défiler 30 000 combats ou meurtres, tous exécutés au nom du Bien. Quelles traces cela laisse-t-il, à votre avis, dans la conscience de ces jeunes adultes ?

Si je vous ai bien compris, notre système de valeurs moralisatrices démultiplie la violence en ne cessant de la combattre. Il y aurait donc une corrélation entre l'image du Bon héros qui tue les Méchants, ingurgitée par les enfants, et le fait que ces mêmes enfants sont de plus en plus tabassés par leurs parents.

Oui, hélas ! Et ce ne sont pas les humains pris isolément qui me font peur ; ce sont les structures sociales et l'endoctrinement systématique qui colportent ce schéma de pensée. Rendez-vous compte que 80 % des Américains sont partisans du châtiment corporel dans l'éducation des enfants... et autant approuvent la peine de mort.

J'en viens à me demander si cela a encore un sens de parler du Bien et du Mal.

Franchement, ce serait plus intelligent de bannir ces termes statiques de notre langage, et d'opter pour une langue capable d'exprimer la vie. Si je dis, par exemple, à un parent qui bat son enfant :

> « Vous êtes un mauvais père ou une méchante mère, et vous faites faux, et ce n'est pas bien... »,

je ne crois pas avoir choisi la forme de communication la plus efficace pour transmettre le message qui m'importe. J'aime mieux m'exprimer ainsi :

> « Je suis très préoccupé par ce qu'il advient de votre enfant lorsque vous vous comportez de cette manière avec lui. Je ne voudrais pas qu'il ou elle souffre ; j'aimerais qu'il se sente en sécurité. C'est pourquoi je vous invite instamment à rechercher d'autres formes d'éducation pour votre enfant. »

Face à la personne dont je désapprouve le comportement, j'essaie juste d'être sincère, mais j'évite soigneusement de la juger. Lorsque j'exprime mon propre désarroi devant la scène d'un enfant battu, j'évalue, certes, le comportement du père ou de la mère, mais je le fais par rapport à mes propres besoins. Voilà ce que j'entends par « langue de la vie ».

Loin de moi de dire « Faites donc ce que bon vous semble ». Malheureusement, ils sont nombreux ceux qui croient voir dans mon attitude un certain « je-m'en-foutisme » qui les met hors d'eux et les rend agressifs à mon égard. Mais l'agression la plus terrible que j'aie jamais subie n'est pas venue de Rwandais ou de Palestiniens, mais de parents et d'enseignants américains. J'essayais de leur parler de variantes d'éducation pour éviter de devoir punir les enfants. J'ai bien cru qu'ils allaient me lapider. Avec leurs oreilles de chacals, ils entendaient que je prêchais l'anarchie. Ils m'ont lancé, furieux :

> « Ce sont des gens comme vous qui sont responsables de tous nos malheurs ! Si la criminalité s'étend pareillement, c'est parce que chacun pense qu'il a le droit de faire ce que bon lui semble. Vous entendez : vos idées sont dan-ge-reuses ! »

Ils avaient cru m'entendre dire :

> « Tuez tant que vous voulez, violez tant que vous voulez, ne punissez personne, laissez-les faire ! »

Or, ce que je veux dire, en réalité, c'est que la plupart des personnes que nous traitons de vulgaires ou de méchantes n'ont pas trouvé d'autre voie pour s'occuper de leurs besoins. Un père qui frappe son fils pour le discipliner pense certainement que c'est ce qu'il a de mieux à faire. Dans le langage courant, on entend souvent dire :

> « Que voulez-vous ? Il veut simplement être entendu et se faire obéir, et que son fils devienne quelqu'un de bien. »

À leurs yeux, de tels gestes – même les plus violents – sont des « actes humanitaires » !

Quant à moi, même quand je vois des personnes exprimer leurs besoins de cette manière, je ne les traiterai pas de méchants.

Et si vous voulez savoir ce que je pense de telles personnes, je dirais qu'elles ne sont pas très avancées sur l'échelle de l'évolution humaine ; qu'elles n'ont pas encore pu déployer tout leur potentiel d'êtres humains, et qu'elles n'ont pas encore découvert comment satisfaire leurs besoins d'une manière sensée et efficace ; qu'elles ne savent le faire que sur le dos des autres, et qu'une telle stratégie est insatisfaisante pour toutes les parties impliquées. Mais je suis intimement persuadé que les hommes et les femmes qui agissent sur cette Terre de manière destructrice ont de très bonnes raisons de le faire.

Donc, il y a toujours de bonnes raisons d'agir ? Même pour un Hitler, si nous prenons un cas extrême ?

Lorsque j'ai commencé ce travail avec la CNV, je me suis douté que, pour que la méthode soit vraiment crédible, ses principes de base devaient aussi pouvoir s'appliquer au cas de Hitler. Je me suis fait la réflexion que la méthode n'aurait de valeur à mes yeux que si je réussissais à témoigner de la compréhension et de l'empathie même à un Hitler. C'est pourquoi j'ai lu tout ce qui me tombait sous la main à propos de cet homme. Je voulais absolument comprendre ce qui s'est passé dans son for intérieur. Je le connais maintenant très bien, comme si je l'avais approché pour de vrai. Je suis capable de voir aujourd'hui en Hitler un être humain. En fin de compte, ce travail d'approche ne me fut pas très difficile à réaliser.

Quand je visualise le contexte dans lequel cet homme a grandi, je m'étonne de moins en moins de ce qu'il est devenu plus tard. Force est de constater que l'endoctrinement qu'il a subi et l'endoctrinement que j'ai subi sont fort semblables. On a seriné aux oreilles d'Hitler que les Juifs sont de méchantes gens ; et à moi, on n'a pas cessé de me distiller que j'étais entouré de personnes détestant les Juifs, donc méchantes... ce qui conduit automatiquement au raisonnement que tous les non-Juifs sont de méchantes gens. Autrement dit, Hitler et moi avons été élevés dans le même schéma de pensée – seule l'identité des Méchants varie.

Je vous entends bien tirer des parallèles entre vos deux schémas d'éducation ; il n'en reste pas moins qu'en comparant vos modes d'agir, vous êtes à des années-lumière l'un de l'autre...

Vu avec sa lorgnette, Hitler n'a absolument rien fait de mal. Tout au contraire, il s'est comporté en héros, qui a tenté de libérer la Terre entière de la « vermine » qui la rongeait.

Pour justifier leurs opérations militaires, les Américains se sont servis exactement de la même langue que les Nazis, une langue qui se coupe de l'humain. Certes, ils n'ont jamais employé le vocable de « vermine » utilisé par Hitler pour décrire les Juifs, mais l'ont remplacé par « yeux bridés ».

Un psychologue de l'Université de Yale, Robert Lifton, a examiné à la loupe la préparation des hommes qui devaient aller bombarder des villes au Vietnam. Il montre que les officiers supérieurs enseignant les jeunes recrues ne parlaient jamais d'êtres humains, mais toujours d'« yeux bridés ».

Et Lifton poursuit son observation et constate qu'aujourd'hui, il n'est même plus nécessaire de nommer son adversaire de manière équivoque. L'ordre de marche s'énonce maintenant ainsi :

« Messieurs, notre objectif d'aujourd'hui est d'éliminer ces petits points situés au sud-ouest de l'écran du radar... »

Ainsi, aujourd'hui, les hommes ne sont même plus de la vermine, ils sont de petits points sur un écran d'ordinateur. En d'autres termes, la transformation des êtres en choses s'est accélérée ; cela devient de plus en plus facile de détruire des hommes, des femmes et des enfants.

Je trouve problématique de mettre sur un pied d'égalité la stratégie des Nazis et celle des Américains. J'ai vu souvent des comparaisons entre Bush et Hitler utilisées à des fins détournées pour relativiser et « bagatelliser » les crimes commis par les Nazis.
Je vois que vos règles du jeu, en tant que Juif et Américain, ne sont pas les mêmes que pour nous autres Allemands. Si l'un de nos politiciens s'exprimait de la même manière que vous, il serait remercié sur-le-champ. Ce thème est, pour les Allemands, l'un des plus explosifs qui soit.

Oui, je sais à quel point ce thème est lourd pour les Allemands. Depuis que je travaille en Allemagne, je suis confronté régulièrement à l'énorme sentiment de culpabilité qui habite les Allemands. Dans chaque stage, en Allemagne, cette douleur ressort. Elle tenaille tant de personnes dont les familles ont produit des Nazis. Et je dois chaque fois me mordre la langue pour ne pas leur dire :

« Mais pourquoi vous sentez-vous donc si coupables ? Vous n'étiez même pas nés quand cela s'est passé ! »

Mais, apparemment, le simple fait que leurs parents ont participé à ces événements, ou même le fait d'être simplement Allemands, leur suffit pour se sentir coupables.

Est-ce qu'il n'y a pas non plus une sorte de culpabilité historique ?

Je souhaiterais que les Allemands puissent faire le deuil sur ce qui s'est passé. Mais pas d'endosser une responsabilité et de se sentir coupables. À quoi cela sert-il ? Voyez-vous, le sentiment de culpabilité porté par une personne l'entraîne à poser un jugement sur elle-même : « Telle que je suis, je suis anormale. » Personne ne tire un quelconque bénéfice d'une pareille pensée. Par contre, ressentir de la tristesse et de l'affliction pour ce qu'ils ont fait, eux ou leurs ascendants, oui, cela, c'est ce que je leur souhaite de tout cœur.

Cela me fait penser à l'hypothèse de Margarete et Alexander Mischerlich concernant « l'incapacité de faire le deuil ».

En effet ! Mais où voulez-vous que les gens aient appris à faire le deuil ? L'Église même a créé un Enfer éternel pour punir les pécheurs, ou du moins, une mauvaise conscience. Pendant des siècles, elle a soigneusement veillé à accabler les pécheurs de la colère divine. Comment aurait-on pu apprendre à faire le deuil ? La culpabilité et l'expiation sont à l'opposé du deuil.

Pour faire un deuil véritable, il faut aimer la vie, de toute son âme. La vraie tristesse du cœur vient du fait qu'on réalise tout à coup que ce qu'on a fait n'a pas contribué à soutenir la vie. Si vous êtes reliée à cette énergie positive d'origine divine, mais que vous ne respectez pas ses messages lorsque vous agissez, vous ressentirez de la douleur. Cependant, n'allez pas vous haïr pour votre attitude incohérente ; pensez en ces termes :

> « Mon Dieu ! que c'est triste. Je suis si navrée ! J'aurais tant voulu agir différemment ! »

Et non pas :

> « J'aurais *dû* agir différemment. »

Retenez bien que la tristesse et la culpabilité sont aussi éloignées l'une de l'autre que le jour et la nuit.

Il me semble que les Allemands auront encore besoin de beaucoup d'empathie avant de réussir à franchir ce pas.

Oui, je le pense aussi ; il y a encore tant de douleur... et pas seulement pour ce qui s'est passé, mais aussi pour le regard que les autres portent sur eux, encore aujourd'hui – « Vous êtes coupables ! » –, au lieu de les considérer comme un peuple capable de porter la vie et de créer de la beauté. J'ai déjà donné des tonnes d'empathie à tous ces Allemands accablés sous le poids de la honte et de la culpabilité.

Peut-on entendre vos paroles ? Je veux bien endosser le rôle d'une telle personne – ce ne sera pas difficile pour moi – et vous donner la réplique.

– Pendant toute ta vie, tu as été poursuivie par ces images terrifiantes, et tu luttes encore aujourd'hui contre ce désespoir sans fond ; tu n'arrives pas à croire qu'une telle horreur ait pu être commise dans ton propre pays.
– ***Oui. Et le pire, c'est que ce ne se soit pas seulement passé dans mon pays, mais que d'autres peuples ont toléré ce que les Allemands faisaient.***

– Quand tu vois ce que des êtres humains ont pu faire dans ton pays, et quand tu mesures la douleur incommensurable que cela a provoquée chez tant d'autres personnes, tu aurais vraiment souhaité que ces êtres humains trouvent d'autres moyens d'obtenir ce qu'ils voulaient et ce qui leur était nécessaire.
– ***Oui, c'est cela... mais maintenant notre Histoire est écrite, et nous avons à porter cette responsabilité toute notre vie.***

– Je vois que c'est important pour toi que les Allemands prennent la responsabilité de ce qui s'est passé dans leur propre pays. Et toi, tu ne veux en aucun cas, et d'une quelconque manière, esquiver cette responsabilité.

– *Oui. Et il faut cesser de comparer les dirigeants des pays totalitaires d'aujourd'hui avec Hitler. Rien, jamais, ne sera comparable à ce qui s'est passé sous Hitler : toute cette machinerie de destruction massive inventée par les Nazis.*

– Tu tiens vraiment à ce que je mesure ta douleur. Pour toi, ce que Hitler a fait est au-delà de tout ce qui est imaginable ; c'est vraiment trop terrifiant. Rien que d'essayer de visualiser tout cela, c'est déjà un cauchemar. Et le seul fait de te rendre compte que l'Holocauste a bien eu lieu dans ton propre pays te paralyse de douleur.
– *Oui, c'est exactement cela !*

Je peux facilement sentir que c'est bien cette douleur-là, si insupportable, qui tient tant d'Allemands dans les filets de l'Histoire du Nazisme et de la Shoa, et qui les empêche d'être tristes et de commencer un vrai deuil. Et certains en ont tout à fait marre :
« Allez-vous enfin cesser de nous torturer avec ce thème ; foutez-nous la paix ; nous ne voulons pas nous sentir coupables pour l'Éternité. »
Tandis que d'autres tiennent le discours inverse :
« Jamais, vous m'entendez ! Jamais nous ne devons oublier ce que les Allemands ont fait ; et nous devons rester vigilants afin que jamais plus cela ne se reproduise. »
Bien sûr, j'ai simplifié les positions à outrance, mais ce qui est compliqué, c'est que, selon toute vraisemblance, les deux voix parlent en même temps dans la plupart des esprits allemands.

Oui, je peux bien reconstituer ce que vous dites. Moi-même, j'ai eu besoin d'énormément d'empathie pendant si longtemps avant d'oser m'approcher de ce thème et de pouvoir commencer à entendre d'autres hommes et d'autres femmes dire la souffrance qui les habitait quand ils ou elles se reliaient à cela. Mais je ne suis pas certain que nous soyons capables d'empêcher qu'un second Hitler n'apparaisse… si nous ne pouvons pas nous-mêmes nous mettre à l'écoute du pire que l'autre ait pu faire, une écoute de tout notre cœur. Et cela ne sert à rien de prétendre qu'Hitler était un malade mental – ce serait trop simple ! Le problème, c'est que ses paroles et ses actes ont trouvé leur aval chez des millions d'êtres humains.

Je suis extrêmement inquiet de la situation dans le monde : je constate que la violence, la guerre, et la destruction sont monnaie courante, chaque jour ; et le fait que cela se passe différemment et avec d'autres moyens que sous Hitler ne change rien à l'affaire ; c'est vrai que j'ai peur de cela, très peur. Si nous voulons vraiment contribuer à faire reculer la violence dans le monde, nous n'y arriverons qu'en donnant de l'empathie aux criminels de tous bords, et en leur reflétant ce qui était vivant à l'intérieur d'eux lorsqu'ils étaient en train de commettre leurs actes. Je suis profondément convaincu que nous ne pouvons pas faire l'économie de cette étape, si nous voulons véritablement instaurer une paix durable.

Mais ce sera un processus long et difficile. Je m'en suis rendu compte dans ma propre chair lors de la première Guerre du Golfe. Lorsque Saddam Hussein lança ses bombes sur Israël, j'étais en train de donner une formation dans ce pays. Tous les participants ne parlaient que de ce monstre de Hussein… et moi, sentant que cela ne menait à rien, j'ai voulu faire cesser ce concert. J'ai eu l'idée – que je trouvais bonne – de proposer un exercice en prise directe avec la réalité : donner de l'empathie à Saddam Hussein ! Mais le moment était fort mal choisi ; la peur était simplement beaucoup trop forte à ce moment-là.

Parmi les participants se trouvait un homme charmant et très influent qui était un de mes contacts privilégiés dans la région, et qui m'avait ouvert des portes pour diffuser mon travail. Vraiment un homme précieux. Il a été atterré de ma proposition. Cela a duré une année entière avant que je puisse reconstruire un lien de confiance avec lui. Et j'ai dû lui offrir préalablement toute l'empathie dont il avait besoin, qui était énorme. Ce fut une bonne leçon pour moi. Depuis lors, je ne cesse de marteler : *d'abord* de l'empathie, puis commencer à enseigner. Avant qu'un être humain n'ait reçu toute l'empathie dont il a besoin – et c'est encore plus vrai s'il est tenaillé par la peur ou qu'il a été blessé –, c'est illusoire de lui demander de se mettre à la place de son adversaire.

Ne rencontrez-vous pas parfois des difficultés pour, simplement, réussir à rencontrer les gens – je pense particulièrement à certains contextes politiques ? Que faites-vous quand des personnes ou des groupes de personnes ne veulent même pas entendre parler de vous, ni s'entretenir avec vous ? Supposons que vous ayez envie de travailler avec une de ces amicales néo-nazies, mais que ces gens vous répondent par une fin de non-recevoir du genre :
« Nous ne discutons pas avec les Juifs ! »

Si quelqu'un ne veut pas m'adresser la parole, je fais ce qu'il faut pour obtenir un contact avec lui ou elle. Rappelons-nous que nous avons tous les mêmes besoins, quelle que soit l'idéologie à laquelle nous nous référons – par exemple, le besoin d'être compris. Pourquoi les amicales néo-nazies sont-elles si puissantes ? Parce que leurs membres ont trouvé un lieu où leur souffrance est comprise, et où ils peuvent se donner les uns les autres toute l'empathie dont ils ont besoin pour calmer leur colère.

Sur ce besoin-là, nous sommes tous sur pied d'égalité. La seule différence entre eux et moi, c'est que notre mode de pensée s'est formé différemment et que nous avons appris des stratégies différentes pour satisfaire nos besoins. Cela m'arrive très souvent de vouloir travailler avec des groupes auxquels je n'ai pas accès facilement – et ce ne sont pas seulement des groupes d'extrême droite. Je cherche alors un individu qui manifeste un tout petit peu plus d'ouverture. Dans tous les groupes, même les plus extrémistes, il y a des êtres humains qui se laissent toucher. Et quand j'ai pu « trouver le joint » avec lui, il remarque souvent que ce que j'offre peut lui être utile. Alors, c'est lui (ou elle) qui m'aide à établir le contact avec le reste du groupe.

Je vais vous raconter une histoire. Un jour, je présentais la CNV dans une paroisse d'un quartier noir de Saint-Louis, lorsque fit irruption au milieu du cercle des participants le leader d'un des gangs noirs qui sévissaient dans le quartier. Il avait dû apprendre par la bande qu'un Blanc s'était infiltré dans son fief, et voulait en avoir le cœur net. Il s'installa parmi nous sans demander la permission à personne, et me dévisagea fixement toute la journée. À un moment donné, il ouvrit sa grande gueule et me lança :

– Sais-tu comment tu pourrais aider les Noirs dans cette région ? Tu pourrais leur donner ton fric pour qu'ils puissent s'acheter des flingues et te descendre, toi et tous tes potes.

Au début, j'ai un peu perdu le fil de la raison pour laquelle je me trouvais là, et ce que j'étais en train de prêcher comme message devant ce groupe. Je lui ai répondu :

– Que venez-vous chercher ici ? Soyez gentil et laissez-nous travailler en paix !

Ma réponse l'a mis hors de lui. Nous sommes tous deux monté sur nos grands chevaux – « grands chacals » devrais-je plutôt dire

– et nous sommes lancé des piques l'un à l'autre... et cela a duré un certain temps. Et puis j'ai trouvé un répit pour prendre une profonde aspiration et tenter d'écouter avec empathie ce qui le motivait :

– Seriez-vous en colère parce qu'un Blanc se permet de pénétrer sans crier « gare ! » dans votre quartier et qu'il prétend enseigner aux Noirs la bonne manière de communiquer les uns avec les autres ? Aimeriez-vous que je respecte votre manière à vous de gérer les conflits dans votre quartier ?

Totalement pris de court, il m'a dévisagé, les yeux ronds :
– Ouais, mec, t'as tout compris !

Il a repris sa place dans le cercle et n'a plus rien dit. À la fin de la journée – il faisait déjà nuit –, je retournais à ma voiture quand je m'aperçus qu'il me suivait dans la rue. J'eus une pensée fugitive : Oh là, là ! Il y a de la colère dans l'air ! J'ai marché plus vite, mais, lui aussi a pressé le pas. Et puis il m'a hélé :
– Eh ! Rosenberg !

Et moi, je jurais dans mon for intérieur :
« ... et merde ! Qu'est-ce que je fais maintenant ? »

J'ai fait volte-face :
– Qu'est-ce que vous me voulez ?
– Prends-moi un bout dans ta caisse !

Et il s'est assis dans ma voiture sans façons.
– Dis-moi... qu'est-ce que tu m'as fais là, tout à l'heure ?
– Qu'est-ce que vous voulez dire ?

ai-je répondu, tout en sachant pertinemment de quoi il parlait… de ce moment précis où je lui avais donné de l'empathie. Alors, il m'a répondu quelque chose que je n'oublierai jamais :

– Ce truc-là que tu m'as fait, je veux savoir comment ça marche, et je veux le ramener à mes Zoulous ! (Le nom de son gang était « Zoulous 1200 »)
– Quoi, pardon ?
– T'as pas encore compris ? Tu vois pas que nous n'avons aucune chance contre vous, les Blancs… même en faisant parler les armes ! Il nous faut autre chose !

En une fraction de seconde, j'avais pris une décision capitale. Je lui ai répondu du tac au tac :

– Tiens-toi bien ! je te propose un marché : Je te montre comment tu peux apporter ce truc à tes Zoulous, et toi, tu viens avec moi jeudi prochain à Washington D.C. et tu m'aides à expliquer à tout un collège de profs pourquoi les enfants noirs sèment la pagaille dans les écoles !

Il s'est mis à rire et m'a répondu :

– Eh, mec, j'ai jamais été à l'école, j'sais rien de rien !

À quoi j'ai rétorqué :

– Tu veux que je te dise ? Tu n'as peut-être pas de formation scolaire, mais ce que tu as compris de notre échange dans l'église tout à l'heure me montre que t'as beaucoup de choses dans la tête.

Cet homme est venu effectivement avec moi, le jeudi suivant. Nous avons fait la route ensemble jusqu'à Washington, et il a expliqué magistralement à tout un parterre d'enseignants blancs pourquoi les enfants noirs faisaient de la résistance. Il leur a expliqué d'une manière très simple comment c'est, à l'intérieur de soi, quand on ne reçoit pas d'autrui le respect auquel on a droit. Et il s'est parfaitement fait comprendre. À ce moment-là, il ne savait encore rien du processus de Communication NonViolente, mais il avait trouvé à sa façon le moyen de s'exprimer en étant entendu. Cette époque était marquée, aux États-Unis, par une vague de violence ; de gros conflits opposaient les Blancs et les Noirs. Le gouvernement fédéral m'avait mandaté souvent pour aller faire de la médiation dans les quartiers brûlants des États du Sud. Je m'y suis chaque fois rendu avec cet homme – il s'appelle Al Chapalle – accompagné de quelques autres « Zoulous » de sa bande. Sur place, il prenait en charge le groupe de Noirs, pendant que je m'occupais de préparer le groupe de Blancs ; puis nous réunissions les deux groupes. Notre collaboration a duré treize longues années d'intense travail. Il m'a enseigné comment traduire la CNV de manière à ce qu'elle soit recevable pour des gangs de rue.

C'est un vrai miracle que cela se soit passé ainsi. Je dois bien avouer que ce n'est pas toujours aussi simple.

7

Vers une justice restauratrice du lien entre agresseurs et victimes

« Droit ne veut pas dire justice. »

Si je vous ai bien compris, tout acte – si épouvantable qu'il paraisse – résulte de la satisfaction d'un besoin sain et légitime. Conservez-vous cet avis dans le cas d'hommes qui abusent des enfants. Le plus souvent, on taxe de tels êtres humains de malades mentaux – et c'est déjà faire preuve de tolérance. En pareil cas, où voyez-vous un sain besoin ?

Quand je travaille dans les prisons, j'ai souvent à faire à des hommes qui ont violé. Je leur demande :

– Pourquoi avez-vous agi de la sorte ? Je suis sûr qu'il y a une bonne raison à cela !

À quoi ils me rétorquent :
– Vous vous moquez de moi, ou quoi ?
– À mon avis, tu n'aurais pas fait ce que tu as fait si tu n'avais pas rempli un de tes besoins à ce moment-là. Tous les êtres humains font des choses pour remplir leurs besoins. C'est pourquoi, si tu le veux bien, j'aimerais t'aider à trouver tes besoins d'alors, et je suis sûr que nous trouverons d'autres façons de satisfaire ces mêmes besoins, par des voies plus efficaces et à un prix beaucoup moins élevé.
– Tu veux dire que j'ai bien fait de faire ce que j'ai fait ?
– Non. Je ne dis pas que c'était juste, ni que c'était faux. Mais j'affirme que tu ne l'aurais pas fait, si cela n'avait pas comblé un besoin chez toi.

Ces hommes – cela tombe sous le sens – n'ont aucune idée de ce qu'est un besoin, et n'ont aucun vocabulaire pour exprimer quelque chose de ce genre. Leur vie durant, ils croient qu'ils sont la lie du genre humain, et leur cerveau ne connaît que des sentiments d'autodévalorisation.

Et probablement que ces sentiments ont favorisé le passage à l'acte. Si quelqu'un est profondément persuadé qu'il n'est qu'une merde, un tel acte n'est en somme qu'une confirmation de l'image qu'il a de lui.

Exactement. Il s'agit d'une prophétie qui s'autoréalise. Cela montre bien à quel point ce langage de dévalorisation peut être destructeur.

Je discute parfois avec des personnes qui boivent plus que leur corps ne le supporte, et conduisent même dans cet état ; je leur demande :
– Pourriez-vous me dire quel est le besoin qui vous pousse à boire tant d'alcool ?

La réponse la plus fréquente est la suivante :
– Je suis alcoolique !

Cela ne répond pas à ma question. Je ne crois pas qu'une personne boive trop parce qu'elle est alcoolique, mais bien parce que le fait de boire remplit certains besoins très spécifiques chez elle.

Ces besoins ne sont pas les mêmes chez chacun. Je m'en suis rendu compte en parlant avec d'innombrables personnes dépendantes de l'alcool. Un des besoins que j'ai identifiés est celui de l'appartenance – appartenir à une communauté. Un homme qui rentre à cinq ou six heures à la maison, soupe sur le pouce et se plante devant la télévision doit lutter toute la soirée contre l'ennui. Si le même homme entre dans un bistrot avant de revenir chez lui, et offre une tournée générale, on lui demande au moins comment il s'appelle ; chaque fois qu'il y retourne, il fait partie de ce groupe. Il pourra s'asseoir dans le cercle et dire à tous ceux qui l'écoutent :
– Ma femme est une putain stupide.

Sa sentence sera reprise en cœur par les autres :
– Ça, c'est bien vrai, toutes les femmes sont des putains stupides ! Tu as raison.

Je n'irai pas jusqu'à dire qu'il s'agit là d'empathie high-tech, mais au moins l'homme se sent compris d'une certaine manière.

Dans de nombreuses cultures et dans toutes sortes de groupes, consommer de l'alcool représente un rituel social qui a du sens. Beaucoup d'êtres humains ne connaissent que cette stratégie-là pour remplir leur besoin d'appartenance à une communauté. À cela s'ajoute que de nombreuses personnes ont peur de se montrer telles qu'elles sont. Quand elles boivent suffisamment, elles se permettent de dire des choses qu'elles n'ont jamais osé exprimer. Elles peuvent se permettre des colères :

– Notre chef, je le tuerais ! Il se prend pour qui, non mais...

La même personne, le lendemain ou la veille dirait probablement :

– Oui chef ! d'accord, chef ! Oui, bien sûr, j'y cours...

Mais, après quelques petits verres d'alcool fort, on se sent libéré... et l'on peut assez facilement anesthésier les chacals intérieurs qui d'habitude vous martèlent le crâne :

– Tu n'es qu'un pauvre type raté, un poivrot de bas étage ; tu ferais mieux d'arrêter de boire, imbécile.

Les chacals qui s'occupent de cet homme vont peut-être s'endormir, mais l'autre bande de chacals, ceux qui sont agressifs avec les autres, ceux-là se réveillent... et peuvent même devenir carrément méchants.

Oui, c'est exact. Mais, quoi qu'il fasse à ce moment-là, cet homme remplit des besoins précis lorsqu'il agit, sinon il ne le ferait pas. C'est pourquoi un axiome de base de la CNV est de rechercher quels sont les besoins qui sous-tendent son action, plutôt que de le persuader qu'il appartient à la catégorie « Méchant. À enfermer ». Puis d'aller à la rencontre de cet homme et d'examiner avec lui par quelles autres voies il pourrait remplir ces mêmes besoins. Malheureusement, beaucoup de ceux qui auraient le plus besoin de trouver des stratégies alternatives sont souvent en prison. Et là, ils apprennent tout sauf de s'occuper de leurs besoins ; la prison ne fait que bétonner leur représentation d'eux-mêmes : « Je suis un salaud. »

Dans l'État de Californie, 71 % des locataires des prisons sont des récidivistes. Vraiment, cela ne sert à rien de punir les gens.

Toutes les statistiques sur le milieu carcéral le disent depuis la nuit des temps. Nous sommes à ce point imprégnés du schéma de pensée classique – bon/méchant, punir/récompenser – que nous sommes prêts à investir 40 000 dollars par année et par pensionnaire pour les parquer dans les prisons américaines. Je connais une étude qui a comparé le parcours de deux hommes qui ont commis le même forfait. L'un a été mis sous les verrous, l'autre pas. L'étude conclut que le premier est beaucoup plus susceptible de récidiver que le second. Le seul but des établissements pénitentiaires est de donner bonne conscience au peuple : le Méchant est puni ; l'ordre est sauf.

Iriez-vous jusqu'à dire que la criminalité disparaîtrait si nous cessions de penser en termes de Bien et de Mal, de coupable ou non coupable ? Ne resterait-il pas des personnes irrécupérables qui continueraient à se laisser tenter ?

Certaines personnes volent, d'autres tuent. Parfois, des êtres humains se comportent d'une manière totalement contraire aux besoins d'autres membres de leur société. C'est la raison pour laquelle une société a besoin d'un système juridique qui protège ses membres. Est-ce possible d'établir un tel système sans passer par la punition ?

Dans son ouvrage, Walter Wink décrit un peuple primitif, les Négritos, qui ont inventé un autre système. Voici comment cela se passe lorsqu'un membre de cette communauté provoque des dégâts chez son voisin – vol de poules, incendie de sa maison ou tout autre méfait. Cet agresseur est placé au centre d'un cercle formé de toutes les personnes qu'il connaît. L'assemblée dure un jour entier. Chacune à son tour, les personnes du cercle racontent à celui qui se trouve au centre toutes les bonnes choses que ce dernier a faites dans le passé, et qui ont contribué à enrichir leur vie.

Est-ce que vous vous rendez compte de ce qui se passe ? Vous avez en face de vous un criminel que l'on « punit » en lui expliquant toutes les belles choses qu'il a faites dans sa vie, et à quel point sa communauté l'a apprécié. Cette pratique « judiciaire » est fondée sur une conception de l'Humanité très particulière : notre nature humaine est ainsi faite que, lorsque nous sommes reliés avec le fond de nous-mêmes, notre plus grand plaisir dans la vie est de contribuer au bien-être de nos semblables.

Est-ce qu'il s'agit de rappeler à la personne qui a failli, qu'il ou elle est un être plein d'humanité, et cette tâche incombe-t-elle à son entourage ?

Oui, parfaitement ! Voyez-vous : dans cette culture, personne ne croit qu'on peut *être* méchant *en soi.* Non, si quelqu'un *fait* quelque chose de méchant, c'est qu'il a perdu le fil de sa nature humaine, qu'il a simplement oublié sa force intérieure – celle-là même qui lui permettrait de mettre de la beauté et de l'abondance dans sa vie et dans celle des autres. Sinon, pour quelle autre raison serait-il amené à agir de la sorte ? Comment voulez-vous que quelqu'un en vienne à l'idée même de tuer ou de violenter son voisin s'il avait conscience de toutes les possibilités qu'il a de rendre plus belles sa vie et celle des autres ?

Je me doute que de telles cultures sont fort rares, n'est-ce pas ?

Vous serez peut-être étonnée d'apprendre que ces pratiques judiciaires alternatives ne sont pas si rares que cela. Il existe encore des peuples indigènes au Canada et au nord de l'Alaska, dont le système juridique fonctionne de la manière suivante :

Admettons que je vous vole un objet. Alors, ma famille et votre famille se réunissent, accompagnées d'un troisième groupe de personnes qui représente la collectivité dans laquelle nous vivons tous les deux. Tous ensemble, nous réfléchissons aux manières possibles d'arriver à une réconciliation. Personne ne va en prison, car, comment voulez-vous que les membres de cette communauté se sentent en sécurité lorsque le prévenu aura quitté sa prison, ce qui ne manquera pas d'arriver un jour ?

La conception d'un tel système juridique alternatif est basée sur le principe d'une justice restauratrice qui reconstitue le lien entre agresseurs et victimes[11]. Ce système établit trois parties (et non pas deux) : la victime, l'auteur du forfait et la communauté. La communauté est considérée comme responsable de ne pas avoir mis en place les conditions cadres pour prévenir le délit ; elle est responsable de ne pas avoir su empêcher que le malheur arrive. Cela ne signifie pas que la communauté est *coupable.* Si elle avait su montrer aux agresseurs potentiels qu'il existe des alternatives au vol ou au meurtre pour satisfaire leurs besoins, peut-être que l'acte lui-même aurait pu être évité. Et malgré cela, l'auteur est aussi totalement responsable de son acte, quels que soient son éducation et son environnement social.

Le principe fondamental de la justice restauratrice est la réconciliation. La priorité est mise au rétablissement de l'harmonie et de la sécurité entre les membres de la collectivité. Des travaux de recherche ont pu montrer que les agresseurs qui avaient pu bénéficier d'un programme de justice restauratrice étaient beaucoup moins susceptibles de récidiver que les autres. La différence entre eux est très significative. Quant à moi, quand je me rends dans les prisons, je travaille selon ce modèle. Et la situation s'apaise effectivement si je réussis à ce que les deux parties – l'agresseur et la victime – puissent, chacune, donner de l'empathie à l'autre.

Le premier pas consiste à demander à la personne qui a commis le forfait de donner à la victime de l'empathie pour les dommages qu'elle a subis. Par exemple, si je travaille avec une femme qui a été violée par un homme, je commence par examiner avec elle ce qu'elle pourrait dire à cet homme au cours d'une prochaine confrontation. Les premières paroles qui lui viennent sont, la plupart du temps, tout sauf non-violentes, du genre :

– Est-ce que tu te rends compte, espèce de salaud, que tu m'as foutu en l'air ma vie, sale porc ! Je ne peux plus sortir de chez moi, j'ai peur toute la journée, les relations avec mon mari sont détruites !

Avant d'organiser la première rencontre entre eux, je m'entretiens longuement avec l'homme, et je l'entraîne à l'écoute empathique. En général, tout cet entraînement ne l'empêche pas de retomber dans la culpabilité. Lorsqu'il se retrouve devant la femme et qu'il doit entendre combien son acte a provoqué de dommages, il commence tout de suite par s'excuser. Je suis alors obligé de le corriger :

– Je ne veux pas d'excuse ! Donne-lui de l'empathie ; je veux que tu entendes vraiment ce qu'elle te dit... et répète-lui ce que tu as entendu.
– Je suis le plus merdeux du monde ; je ne mérite pas de vivre !
– Non ! c'est trop facile ! Je veux que tu te mettes à son écoute, vraiment. Et je souhaite que tu regardes en face ce que tu as fait ; j'aimerais que tu te laisses pénétrer par sa douleur.
– Eh ! mec ! tu ne peux pas me faire ça. J'en suis incapable.

Presque toujours, je donne à un homme comme celui-là, en tout premier lieu, de l'empathie, juste pour qu'il puisse ensuite regarder. Et je poursuis :

– Et maintenant, je veux que tu me dises comment tu te sens !
– Je ne vaux pas plus qu'un tas de merde !

– Non ! Je ne te demande pas de te haïr, c'est trop facile ! Raconte-moi comment c'est, là, au fond de toi...

Souvent, l'homme se met à pleurer ; il a mal. S'il réussit véritablement à toucher ses sentiments, il rencontre une terrible douleur. Son expression change :

– Je suis si triste... que dois-je faire maintenant ? Je n'ai jamais voulu en arriver là. Je n'ai jamais voulu détruire ma vie pareillement.

En réalité, il touche son besoin de sens dans sa vie, même s'il ne connaît pas le mot « sens ».

Et la femme violée ? Qu'a-t-elle à gagner d'un tel processus ? Est-ce que cela ne l'aiderait pas plus si son agresseur était pour longtemps sous les verrous ?

Ce serait suivre le principe du droit pénal. Pour moi, le terme même de droit pénal contient déjà une contradiction en soi. Hélas, nous n'avons appris que cela : donner une bonne leçon au méchant. La dureté de la peine est l'aulne à laquelle l'agresseur peut mesurer la profondeur de sa méchanceté et de sa bêtise. Mais cela ne lui permet en aucune façon de mesurer les dégâts qu'il a provoqués dans la vie d'une autre personne. Et la victime ne reçoit en aucune manière l'empathie dont elle aurait tant besoin. Le droit n'équivaut pas à la justice.

Cela ne m'est encore jamais arrivé qu'une femme violée persiste à vouloir enfermer son agresseur après avoir franchi toutes les étapes de l'empathie. J'ai presque de la peine à y croire moi-même. Mais je constate qu'une guérison a eu lieu, alors que deux heures auparavant – deux heures ! – personne n'aurait pu seulement imaginer que cela fût possible. Alors nous faisons encore un pas supplémentaire, et cherchons ensemble ce qui pourrait être fait pour qu'une réconciliation puisse avoir lieu. Et parfois, cela ne mène à rien. Parfois, la femme a dû suivre de nombreuses séances de thérapie, et elle veut se faire rembourser. Mais normalement, nous réussissons à obtenir une réconciliation dès que la victime a reçu toute l'empathie qui lui est nécessaire.

Vraiment ?

Vraiment ! Cette évolution est inévitable. Au début du processus, la femme n'a qu'une idée : punir son agresseur. Si elle pouvait, elle le tuerait même, et si possible en le torturant préalablement. À la fin du processus, après toutes ces séances, elle rentre chez elle en manifestant de la compassion pour l'homme qui l'a violée.

Le problème, c'est que des chacals de bonne volonté veulent parfois conseiller à la femme violée de manifester de l'empathie pour son agresseur, *avant* qu'elle ait reçu suffisamment d'empathie. Cela sonnerait à peu près ainsi :

> « Mais regarde donc ce pauvre type. Il a été lui-même victime auparavant. Avec une enfance si catastrophique, que veux-tu... »

Lorsque les femmes essaient de comprendre intellectuellement ce qui s'est passé, sans avoir reçu auparavant toute l'empathie nécessaire à leur guérison, elles se coupent de leur douleur et la refoulent dans un coin sombre. Elles ont peut-être compris quelque chose avec la tête et disent avoir pardonné. Mais le prix de cette attitude est très élevé : ces femmes restent coupées d'une part importante de leur vie, et cela ne les aide pas vraiment.

Ce n'est qu'à partir du moment où elles peuvent recevoir de l'empathie de leur agresseur, puis partager avec lui sa douleur, qu'elles osent vraiment s'ouvrir et lui demander :

« Pourquoi as-tu fait cela ? »

Et ce n'est qu'alors qu'elles sont prêtes à donner de l'empathie à leur tour.

Je me demande bien quelles sont ces raisons, quels sont les besoins d'un violeur ?

Ces besoins n'ont rien de sensationnel. Nous partageons tous les mêmes besoins. Et il ne s'agit pas forcément de sexualité. Je trouve souvent un besoin de lien affectif, besoin qu'un homme cherche à remplir par la sexualité en se trompant de moyen. Dans la très grande majorité des cas, le violeur a lui-même été victime de violences ou de contraintes sexuelles. Inconsciemment, il cherche de l'empathie pour le drame qu'il a vécu, pour sa colère... et pour ce qui se cache derrière la colère : la peur, la détresse ou l'impuissance, le plus souvent.

Alors il exerce une puissance sur une autre personne, et, ce faisant, il chercherait à lutter contre sa propre impuissance ?

Oui, cela se passe à peu près ainsi dans leur esprit :
« Je vais te mettre dans le même état que j'ai été cette fois-là, pour que tu voies ce que c'est. Si tu souffres, toi aussi, peut-être comprendras-tu ma souffrance. »

C'est une stratégie paradoxale très destructrice... qui vise, au fond, à recevoir de l'empathie.

Prenons un assassin en série. C'est un cas pathologique, derrière lequel se trouve un être humain avec des besoins légitimes. Je me pose la question si une telle personne peut encore être rejointe.

En Suède, j'ai travaillé de manière régulière avec un groupe de prisonniers. Un jour que j'arrivais à mon travail, un membre de la direction de la prison m'annonça :

– Marshall, nous avons inscrit un nouveau membre dans ton groupe. C'est un monstre qui mesure deux mètres, tatoué des pieds à la tête. Nous sommes au fait de six meurtres qu'il a commis ; certains disent qu'il a tué neuf personnes.
– Oublie les chiffres. Six ou neuf, cela m'est égal. Moi, tout ce qui est plus que zéro me fait peur.

Et j'ai pénétré dans la salle. Le gaillard était tout droit sorti d'un film d'horreur de Hollywood. Il ne m'a plus quitté des yeux. Les deux premiers jours se passèrent au sein du groupe, sans que le gaillard n'ouvre le bec. Il n'a fait que me dévisager. J'ai fini par me mettre en colère contre la direction qui m'avait refilé un psychopathe, duquel – c'était clair – jamais personne ne pourrait tirer quoi que ce soit !

Avez-vous remarqué ce qui s'était passé ? Au lieu de me relier aux sentiments de cet homme ou de chercher à comprendre avec compassion ce qui se passait derrière ce lourd silence, je me suis réfugié derrière un diagnostic médical. Le troisième jour, je me suis épanché au petit-déjeuner auprès d'un collègue. Il put me donner de l'empathie et m'aida à comprendre ce que masquait ma colère. J'ai fini par admettre que ce malabar me foutait la trouille... à tel point que je n'ai pas osé le confronter à mes sentiments. Cela m'a permis, ce jour-là, de m'approcher de cet homme. Je lui ai dit :

– Voyez-vous, quand je vous vois me dévisager pendant deux jours sans rien dire, et sachant par votre dossier la raison pour laquelle vous êtes ici, cela me fait une peur terrible. Je n'ai même jamais osé vous tourner le dos. Qu'est-ce que cela vous fait de m'entendre vous dire ça ?

Il m'a regardé et m'a dit :

– Que voulez-vous que je vous dise ?

Et c'est ainsi que notre dialogue a commencé. Ce que je veux dire par là, c'est que les problèmes ne sont apparus que dans les situations où je n'ai pas osé être honnête ; alors, le lien n'a pas pu se faire. Au contraire, quand je suis vraiment chez moi et que je réussis à partager mes sentiments, que je me mets dans un état de vulnérabilité, alors j'ai vraiment l'impression que je peux atteindre l'être dans l'homme en face de moi. Naturellement, j'ai aussi rencontré des situations où il m'a fallu beaucoup plus de temps pour juste établir le contact. En particulier, lorsque je travaillais en psychiatrie, je me souviens que les patients restaient parfois très longtemps sans vouloir me parler... jusqu'au jour où ils se sentaient suffisamment en sécurité en ma présence.

Mais, si je mesure le temps qu'il leur a fallu pour tomber dans l'état dans lequel je les rencontre, je trouve que le processus va, somme toute, assez vite. Si je pense à toutes ces années où ils ont été exploités ou humiliés par leurs parents, combien d'années ils ont peut-être souffert de l'influence de leurs enseignants ou d'un milieu carcéral, je ne peux que m'émerveiller parfois de la rapidité avec laquelle ils réussissent à changer au cours d'un processus d'échange d'empathie.

Pouvez-vous nous donner des indications de durée ? Combien de temps faut-il pour restaurer une base de confiance ? J'ai de la peine à me faire une idée précise à ce propos.

Je n'exclus pas qu'il existe des cas extrêmes auxquels ne s'applique pas ce que je vais dire, mais cela reste l'exception.

Dans la plupart des situations, je serais très étonné si le processus durait plus que deux ou trois jours avant d'arriver à établir un vrai contact avec la personne. N'empêche qu'il faut tenir le coup pendant ces trois jours !

Lorsque je suis confronté à une personne ayant subi toute sa vie des situations de violence ou de destruction, et que je cherche à la rejoindre, il arrive assez souvent que cela la mette dans l'insécurité. Elle tombe dans des sentiments d'angoisse ; sa réponse est alors de me provoquer. Elle cherche à me pousser vers la colère – c'est quelque chose de connu pour elle, qui entre dans sa vision du monde. Paradoxalement, plus je me montre aimable avec elle au début de nos échanges, plus féroce elle devient par la suite. Cette dynamique a été identifiée déjà dans de nombreuses études.

Comment se fait-il qu'elle se défie de l'amabilité ?

Une telle personne n'en a aucune confiance, car elle ne l'a jamais rencontrée. Il peut alors arriver que leur interlocuteur bascule rapidement dans la frustration :

– Vois-tu comme je suis gentil avec toi... et qu'est-ce que je reçois en retour... ?

Pourtant, il suffit de comprendre que cette personne est habitée par la peur, et se sent démunie face à cette amabilité, ne sachant comment se situer par rapport à une telle attitude. Si l'on y parvient, ce n'est plus trop difficile de rester en paix avec soi-même. En fait, au cours de cette phase d'approche, la personne vous teste pour savoir si vous êtes bien comme toutes les personnes qui vivent sur cette Terre. Elle est simplement méfiante – méfiante au plus haut point. L'ordre du monde, tel qu'elle le connaît, est seulement respecté si elle peut reconnaître en vous un même trou du cul que tous ceux qu'elle a rencontrés jusqu'ici. Mais si vous êtes à même de lui donner de l'empathie pour la trouille qui se cache derrière l'agressivité, je parie que quelque chose de radicalement nouveau se passera dans cette personne en moins de trois jours. Cela m'étonnerait vraiment que cela n'arrive pas.

Lorsque j'étais encore étudiant en psychologie, j'ai eu à m'occuper d'une troupe de jeunes « à problèmes » dans un camp de vacances. La Faculté de psychologie avait été chargée d'assurer le suivi de ces jeunes en difficulté. Quant à moi, je m'étais juré de m'occuper de ces jeunes avec beaucoup de patience. Je me souviens d'un gaillard en particulier – un cas spécialement difficile – avec lequel j'avais été particulièrement sympa. Au cours de la première nuit, il a pénétré dans ma chambre ; je me suis réveillé et j'ai perçu quelque chose de bizarre. Effectivement, le gaillard s'était mis à me pisser dessus ! Les autres l'avaient poussé à me jouer ce mauvais tour.

À cette époque-là, ce genre d'attitude n'entraînait pas encore chez moi un état particulièrement empathique. Par chance, j'étais engoncé dans mon sac de couchage, ce qui m'a empêché de lui sauter dessus pour lui donner une volée de coups. Mais, j'étais vraiment prisonnier de mon sac, et l'autre était debout et me pissait dessus. Lorsqu'enfin je pus me libérer, je n'avais certes pas vraiment une attitude non-violente, mais au moins, je ne l'avais pas tabassé. J'avais en effet déjà travaillé avec de nombreux délinquants et j'avais traversé un certain nombre d'épreuves de « jaugeage » de ce type.

Et alors ? Comment réagissez-vous ? Rester cool ne serait pas honnête. Faites-vous comme si vous n'aviez rien vu ?

Non. En aucun cas, il ne s'agit d'ignorer les faits. Je me sers alors de la *force protectrice* [12]. Lorsque quelqu'un risque de s'en prendre à moi ou de blesser quelqu'un d'autre, je l'enferme dans une pièce. C'est une certaine forme de violence dont je me sers pour me protéger, et non pas pour le punir. Et j'entre dans la même pièce avec lui. Naturellement, il peste contre moi, mais cela fait partie du jeu... et je lui donne de l'empathie.

Dois-je comprendre que l'on peut enfermer quelqu'un sans le punir ? C'est une belle vision que celle de considérer les prisons comme des lieux où l'on pratique l'usage protecteur de la force. Si tel était le cas, les prisonniers auraient une chance de mettre à profit leur séjour en prison pour se remettre en lien avec leur humanité. Et non – comme c'est souvent le cas, hélas ! – pour se déshumaniser encore plus.

Oui, on pourrait le faire, et ce serait même assez simple. Saviez-vous qu'aux États-Unis, certaines institutions carcérales avancées s'y sont mises. Ainsi, par exemple à la prison de San Quentin à San Francisco, qui héberge environ cent prisonniers dans le couloir de la mort. Ces personnes attendent leur exécution, ce qui ne laisse pas grande place pour des sentiments altruistes. C'est devenu un grave problème. Ces êtres humains passent des années au fond d'une cellule, coupés de tout, totalement seuls. Leur haine ne fait que grandir avec le temps, ce qui les rend créatifs ; ils se servent de tout ce qui leur passe entre les mains. Ainsi, ceux qui sont infectés par le virus du sida ont-ils trouvé un moyen original de s'en prendre au personnel. Ils fabriquent des « bombes » avec un cocktail de merde et de sang, et ils jettent ces projectiles infectés à la tête des gardiens.

Entre-temps, la plupart de ces établissements ont équipé leurs gardiens de vestes pare-balles, de masques à gaz et de toutes sortes d'autres protections. C'est devenu un enfer qui coûte une fortune. La direction de la prison de San Quentin a donc cherché comment calmer ces dangereux pensionnaires en attente de la mort. Elle les a engagés comme aides-soignants dans des hôpitaux traitant des malades du sida... leur tâche est de les aider à mourir.

Et cela fonctionne ?

Oui. Tous considèrent que c'est un privilège exceptionnel que d'être engagés à cette tâche. Même les gaillards les plus durs se transforment en infirmiers prévenants lorsqu'ils ont la possibilité de se mettre au service de personnes mourantes. Cela remplit leur besoin de donner du sens à leur vie. Je ne suis pas le moins du monde étonné de ce qui se passe là. Ils touchent à leur vraie nature d'êtres humains ; c'est juste cela !

C'est encore un mystère pour moi que des personnes capables des pires brigandages puissent en même temps posséder un cœur. Comment est-ce possible ?

Un jour, j'ai rencontré un ex-journaliste argentin qui avait été éditeur d'un journal qui dénonçait les crimes politiques. Dans son pays, il était considéré comme un révolutionnaire et avait été emprisonné et torturé. Il m'a raconté que son tortionnaire était venu le rejoindre dans la pièce de torture après une « séance », qu'il lui avait demandé, comme à son meilleur ami, s'il ne pourrait pas faire jouer son réseau d'influence pour trouver un job à son frère. De telles histoires sont loin d'être rares. Les êtres humains sont parachutés dans des structures ou des contextes et se comportent comme la structure ou le contexte le demande.

Et ces structures ? Sont-elles vraiment à ce point plus puissantes que les êtres humains qui les composent ?

Pas plus puissantes que tous les êtres humains, Dieu merci ! Par chance, tous les hommes et toutes les femmes ne sont pas des moutons obéissants. Vous connaissez certainement l'expérimentation de Milgram[13]. La majorité des personnes soumises au test (70 %) font ce qu'on leur dit de faire ; tandis que les autres (30 %) font de la résistance et disent :

« Monsieur le Professeur, peu m'importe votre grade et peu m'importe la qualité de votre recherche scientifique, moi, je ne marche pas dans votre combine ! »

Ces derniers ont justement la capacité à se relier à leur humanité et ressentent de la compassion. Comment vous arrangez-vous avec les 70 % qui en sont incapables ?

Oui, ce sont ces personnes avec lesquelles je travaille le plus souvent. Et ce ne sont de loin pas que des malfaiteurs violents ; les pires d'entre eux sont les cols blancs, dans les banques ou dans les Universités. Je voudrais parfois être chirurgien pour leur implanter un cœur à ceux-là. C'est une vraie épreuve pour moi que de les mettre en lien avec leurs sentiments.

Quelque chose ne m'est pas encore clair. Vous affirmez qu'un homme ou une femme peut se mettre en contact en tout temps avec ses sentiments et avec son humanité. Et que cela peut arriver à un criminel comme à un être humain ordinaire faisant partie de structures normales, dans lesquelles la violence est imposée par l'État ou institutionnalisée, et donc moins voyante.

Je me demande si la compassion manifestée par une personne qui en a humilié ou tué une autre est une véritable compassion fondée sur son humanité. Peut-être ne s'agit-il que d'une forme de sentimentalité présente chez une personne versatile, qui tantôt brutalise les autres, tantôt réconforte un enfant ou verse des larmes sur la mort de son chien.

Je comprends la différence que vous aimeriez faire. Si vous voulez mon avis, ce qui est important, c'est que n'importe quelle personne *puisse,* à n'importe quel moment, se mettre en lien avec son humanité. Tout dépend du contexte. Cela rend le problème plus simple et plus difficile à la fois. Car, en clair, cela signifie que certaines structures et certains contextes peuvent faire de chacun de nous un monstre.

Pour nous prévenir d'un tel « accident », nous n'avons rien de mieux à faire que de nous relier avec tendresse à notre humanité et au plaisir d'être simplement vivant. Or, précisément, notre culture n'a pour ainsi dire rien prévu pour nous entraîner à établir ce lien profond avec nous-mêmes. Au contraire, nous apprenons dès l'enfance à penser selon un schéma destructeur et à nous croire protégés par des structures de domination ; corollairement, nous apprenons à renoncer à notre libre arbitre et à notre responsabilité, et à nous en remettre à des autorités.

Votre vision égalitaire des rapports sociaux me semble plausible. Il n'y aurait pas d'êtres humains bons et d'autres, méchants ; nous avons tous les mêmes cordes vocales qui nous permettent de dire de belles paroles ou de proférer des injures. Et nous pouvons transcender tous les conditionnements et conserver le pouvoir, à tout instant, de laisser agir notre part d'humanité. Il s'agit de notre responsabilité.

Je vois surtout, dans une telle conception des êtres humains, une perspective porteuse d'un immense espoir. Cette conception nous permet de rester intégrés aux structures établies, sans perdre de vue notre humanité. Naturellement, ce serait encore mille fois mieux si nous apprenions à transformer nos structures. Je rêve de structures qui, au lieu de nous désapprendre le lien avec nous-mêmes, nous enseigneraient à le restaurer. Un monde où ce serait naturel pour chacun d'être relié à la vie.

8

Les relations amoureuses, une école de gestion des conflits

« L'amour n'est pas un sentiment. »

Commençons ce chapitre par une petite question anodine : qu'est-ce que l'amour ?

La Communication NonViolente s'est précisément développée pour répondre à cette question. Qu'est-ce que l'amour ? Comment pouvons-nous vivre l'amour ?

Ma vision des choses, c'est que nous nous montrons mutuellement de l'amour lorsque nous nous relions les uns aux autres avec empathie, que nous montrons à autrui ce qui nous émeut, et que nous nous assurons que le lien établi avec l'autre n'est fondé que sur le seul besoin de donner et de recevoir de la compassion.

La plupart d'entre nous définissons l'amour d'une tout autre façon ; nous pensons que l'amour est un sentiment.

Si l'on se donne la peine de regarder exactement ce qui se passe quand vous demandez à votre partenaire amoureux ou amoureuse :

> « M'aimes-tu ? », on constate que vous posez, en fait, une autre question :
>
> « As-tu des sentiments de tendresse pour moi ? Ton cœur bat-il pour moi ? »

Et les sentiments n'ont rien de statique ; ils peuvent évoluer d'un moment à l'autre. C'est pourquoi la réponse la plus honnête à la question « M'aimes-tu ? », c'est une autre question :

> « Veux-tu savoir ce que je sens juste là, maintenant ? ou veux-tu que je fasse des extrapolations pour évaluer combien de minutes je vais penser à toi en termes de douceur et de tendresse au cours du mois à venir ? »

Bien sûr, une telle réaction risque fort de provoquer des sentiments d'irritation ou de colère chez votre partenaire, qui voudra en avoir le cœur net :

> « Et alors ? est-ce que tu les as, ces sentiments à mon égard, oui ou non ? »

En réalité, il est impossible de réagir à cette question par une réponse universellement valable ; votre seule réponse honnête est liée à un certain contexte et à un moment particulier. De nombreux couples se font violence en parlant d'amour sans savoir exactement ce qu'ils entendent par « amour ».

Lorsque vous travaillez avec des couples, je peux bien imaginer que vous leur demandez ce qu'ils se souhaitent exactement pour que leur besoin d'amour soit satisfait.

Oui... et ils détestent ma question. Car, presque chez chacun et chacune, se trouve inscrite une certitude : si mon conjoint (amie, ami, compagne, compagnon) m'aime, il ou elle doit savoir deviner ce que je souhaite ; je ne vais pas encore aller le lui souffler ! C'est bien pour ça que nous nous aimons, n'est-ce pas ?

Un jour, dans l'un de mes stages, un couple eut le dialogue suivant. La femme se plaignait que son besoin d'amour n'était pas rempli au sein de sa relation. L'homme se rebiffa :

– Mais enfin, je t'aime !
– Non, ce n'est pas vrai !
– Mais si !

Je suis intervenu pour demander à la femme de préciser, aussi concrètement que possible, ce qu'elle souhaitait que son mari fasse pour remplir son besoin d'amour. Et lui de renchérir :

– Ah oui, ça, je voudrais bien l'entendre, car apparemment, je n'en ai aucune idée !
– C'est difficile à le dire... avec des mots...
– Et si c'est à ce point difficile à dire pour toi, peux-tu te représenter combien c'est difficile pour moi de réaliser tes désirs ?

La femme s'arrêta, pensive. Cette dernière parole se frayait un chemin dans sa pensée. Cela a été rude lorsqu'elle a réalisé que sa conception de l'amour était en fait une exigence grosse comme une maison. Elle répondit :

– Si je suis vraiment honnête, je veux que tu devines ce qui me ferait du bien avant que je le sache moi-même.

Cela lui a rendu service de formuler en mots ce qui n'était auparavant qu'une vague représentation. Elle a pu y voir plus clair sur ce qu'elle désirait, en fait, de la part de son mari. De nombreuses personnes ont besoin de traverser cinq relations malheureuses avant de comprendre que jamais leur besoin d'amour ne sera comblé si elles se cherchent un ou une partenaire qui satisfasse tous leurs désirs avant même de savoir elles-mêmes ce qu'elles se veulent. Et là, nous ne touchons que l'une des nombreuses stratégies destructives que notre culture nous a enseignées pour aborder l'amour, l'intimité et la sexualité.

Et vous ? Connaissez-vous un couple entretenant une relation exemplaire (à votre point de vue) et qui fonctionne dans la durée ? Quant à moi, j'en rencontre très rarement.

Et comment puis-je encore m'adresser à mon amoureux en lui disant « Je t'aime », et sans trembler des dégâts collatéraux que ma question pourrait entraîner ?

Je me souviens de la première fois que je me suis posé la question : mais comment donc une girafe peut-elle dire « Je t'aime ». J'étais assis à ma table de travail et j'étais en train de rédiger un exposé que j'avais à tenir prochainement sur ce thème. Je suis allé à la cuisine pour me chercher à boire, et j'y ai trouvé ma fille en train de peindre sur la table. Je me suis senti l'envie de me pencher au-dessus d'elle, comme j'en avais l'habitude, et de lui donner un baiser en lui disant : « Je t'aime ».

> Mais je me suis arrêté et j'ai écouté une petite voix en moi : « Si tu penses sérieusement que tu aimes ta fille, essaie de formuler tes sentiments de manière à ce qu'elle puisse vraiment les entendre. Qu'est-ce que tu voudrais célébrer ? Qu'est-ce que ma fille remue au fond de moi si fort ? Elle est juste là, à la table de la cuisine, et elle peint. »
>
> Et je me suis lancé :
> – Marla, quand je te vois assise là à peindre, je...

Et je cherchais les sentiments qui m'habitaient. Ce serait si simple de dire « Je t'aime » parce que cela m'éviterait de me mettre en lien avec moi-même. Maintenant, il me fallait approfondir mes sentiments. C'est ce que j'ai fait. Quand j'ai eu clarifié mes sentiments et mes besoins, j'ai ressenti un intense bonheur, un bonheur beaucoup plus fort qu'avant. Je lui ai dit alors :

– Quand je te vois assise là, à peindre, je ressens un intense bonheur à vivre en compagnie d'un être si merveilleux ; cela remplit si bien cet intense besoin de connexion qui m'habite.

J'ai pu voir alors, au fond de ses yeux, que mes mots lui avaient apporté bien plus de plaisir que si je lui avais balancé un quelconque « Je t'aime ». Ce faisant, j'ai aussi dévoilé beaucoup plus de choses de mon monde intérieur. Je ne puis que vous recommander chaudement d'en faire, vous aussi, l'expérience. Comportez-vous des deux manières, et demandez aux personnes de votre entourage ce qu'elles pensent des deux attitudes, et laquelle elles préfèrent.

Mais je me dois aussi de vous rendre attentive aux conséquences de ce changement. Si une personne a pris goût à l'expression détaillée des sentiments, vous pouvez remballer vos « Je t'aime » ; ils ne signifient plus rien. Quand je m'adresse à ma partenaire et que je lui dis « Je t'aime », elle me renvoie la balle : « Oh non ! je veux la version intégrale ! »

« Version intégrale » ? Voilà qui ne se rajoute pas au dernier moment, en annexe du baiser d'adieu !
Encore une question à propos des sentiments amoureux : j'ai compris qu'ils pouvaient nous faire goûter à toutes les variations de la musique entre deux êtres, mais d'un autre côté, toute stabilité a disparu, puisque tout peut changer d'un moment à l'autre.

Oui, naturellement. Ce serait ennuyeux sinon, vous ne trouvez pas ?

Oui, bien sûr ! Il n'en reste pas moins que les choses ne sont pas si simples. Lorsque je me mets en lien intense avec mon partenaire, sur le plan émotionnel, je ne recherche pas seulement le bonheur, mais aussi la sécurité, la stabilité et la confiance.

Comment voulez-vous savoir ce qui sera dans cinq minutes ? Moi, en tout cas, je pourrais être affalé dans mon fauteuil, mort ! La sécurité n'existe pas. Nous sommes encombrés d'exigences de tous ordres, de promesses, d'engagements sur l'honneur, de sentiments du devoir à accomplir... – ouf ! moi, je me souhaite autre chose comme relation amoureuse. Le seul point sur lequel je puis apporter des garanties, c'est celui de mes intentions du moment. Par intentions, j'entends l'expression de ma volonté à cet instant, celle de vivre quelque chose en commun avec ma partenaire. Comment puis-je me comporter pour qu'un lien intense et profond s'établisse entre nous ?

De tous les hommes et toutes les femmes qui se jurent amour éternel devant le curé ou le pasteur, plus de la moitié – du moins aux États-Unis – ne tiennent pas leur promesse[14]. Il n'y a pas de sécurité, malgré tout ce que l'on entend. Une proportion de 55 % des couples qui se marient finissent par divorcer. Et sur les 45 % restants, je ne suis pas toujours certain que ce soit la meilleure solution de rester ensemble. Je ne comprends pas pourquoi nous faisons tant de promesses, alors que nous savons tous pertinemment que la moitié d'entre nous ne les tiendra pas. Je trouve beaucoup plus honnête de faire de la clarté dans mon couple sur nos intentions mutuelles ; et si ces intentions changent avec le temps, je remets le travail sur le métier.

J'en conclus que la belle image d'un couple uni pour la vie n'a plus de sens pour vous ; c'est bien cela ?

À mon avis, si deux personnes ont des échanges réguliers et honnêtes à propos de leur manière de voir les choses et de leurs intentions, elles ont beaucoup plus de chances de voir leur relation durer toute une vie que si elles ne le font pas. Il est bon que deux êtres refassent le point périodiquement sur leurs besoins et sur les stratégies qu'ils mettent en place individuellement ou en commun pour les satisfaire. S'ils sont attentifs à tout ce qui pourrait entraver leur désir de proximité et leur aspiration à maintenir un lien chaleureux entre eux, le fondement de leur relation devient si solide et bon à vivre que chacun d'eux décidera librement, jour après jour, de rester.

Si l'amour n'est pas un sentiment, qu'est-ce donc que l'amour ? Est-ce un besoin ?

Lorsque je parle de l'amour, j'entends par là deux choses distinctes.

Premièrement, j'utilise le mot « amour » comme expression d'une attitude spirituelle. Lorsque je me relie à cette dimension spirituelle, l'amour s'intéresse à l'ensemble de l'Humanité, à tous les êtres vivant sur cette Terre, aux arbres, à la mer, à l'air, à l'énergie divine. Le plaisir d'être au service de la vie est à la source d'un de nos besoins les plus fondamentaux. Arroser une plante et se réjouir de la voir se déployer... voilà comment je conçois l'amour.

Cette dimension spirituelle de l'amour s'applique aussi aux êtres humains. Je peux aimer une personne de cet amour-là, même si elle ne m'est pas particulièrement sympathique, ou même si elle me dégoûte. Et, malgré tout, je peux contribuer à ce que tout aille bien pour elle. Notre plus belle façon de nous occuper de nous-mêmes est de donner à ceux qui nous entourent des appréciations profondes. À l'inverse, chaque fois que nous taxons quelqu'un d'imbécile, nous payons un prix très élevé, car cela revient à dire que nous vivons dans un monde peuplé d'une quantité d'imbéciles.

Si je me décide à voir en priorité la beauté en chacun, c'est moi que je traite avec amour. Ce message n'est pas de moi ; toutes les religions l'ont apporté, chacune à sa façon :

« Ne jugez pas, afin que vous ne soyez pas jugés à votre tour... »
« Aime ton prochain comme toi-même... »

J'ai le choix de servir la vie en m'appuyant sur cette attitude intérieure. Chacun de mes gestes part de mon seul plaisir à entrer en contact avec tous les êtres vivants, et non pas d'une quelconque obligation, d'un sentiment de culpabilité ou parce que c'est écrit dans la Bible. Ce faisant, je remplis l'un de mes besoins les plus importants : le besoin de sens. Voilà ma première définition de l'amour.

Et puis j'utilise aussi le mot amour pour décrire mon besoin de proximité et d'intimité.

Le besoin d'intimité n'est-il pas un besoin qui sous-entend la fermeture aux autres ?

Pas dans ma conception. Si j'entre dans une relation de tendresse avec une personne, je remplis mon besoin d'amour et d'intimité[15]. Et je peux entrer dans une relation de tendresse avec beaucoup de personnes différentes – ce que je fais d'ailleurs.

Parlons de sexualité. La sexualité est-elle un besoin ? Ou est-ce plutôt une stratégie pour satisfaire un ou plusieurs autres besoins ?

C'est une question de définition ; ce sujet a déjà fait couler beaucoup d'encre. Quant à moi, je crois qu'il s'agit plutôt d'une stratégie. Je travaille beaucoup avec des personnes qui ont renoncé à la sexualité pour des motifs spirituels, avec des prêtres notamment. Ils ont réussi à me persuader qu'ils pouvaient très bien remplir leurs besoins d'amour et d'intimité sans passer par des relations sexuelles.

Pour d'autres, la sexualité fait partie des besoins de base du corps. Pour moi, la sexualité n'est pas forcément liée à l'amour ou à l'intimité. Elle *peut* l'être. Mais vous serez sûrement d'accord avec moi que l'on voit pratiquer toutes sortes de formes de sexualité qui sont à mille lieues de l'amour et de l'intimité – quelle que soit la définition que l'on donne à l'intimité.

N'est-ce pas extraordinairement difficile de mener des relations amoureuses et de satisfaire tous ses besoins dans la relation ? En d'autres termes, comment faire pour rassembler sous le même toit mes besoins d'amour et d'intimité, de sécurité, d'harmonie, de liberté, de créativité dans la relation... ? Et de réussir ce pari avec une seule et même personne ?

Difficile et compliqué ? Oui, ça l'est, et comment ! Il ne m'a fallu « que » 40 années pour faire un peu de clarté sur ces difficiles questions... et je suis encore loin d'avoir tout compris. Ces questions sont tout, sauf simples. Et le fait que nous habitions tous dans un monde de chacals n'est pas fait pour nous aider à y voir clair.

Et vouloir satisfaire tous ces besoins avec *une seule* personne, voilà qui ressemble définitivement à une stratégie.

Entrer dans une relation de partenariat avec quelqu'un serait donc aussi une stratégie pour remplir ses besoins

d'amour et d'intimité ? Nous pourrions la dénommer la stratégie du petit ami ou de la petite amie ?

Oui, c'est cela. Et l'on peut trouver de nombreuses autres stratégies pour remplir ses besoins d'amour et d'intimité.

L'un des défis majeurs d'une relation de partenariat s'observe lorsque l'un des deux partenaires « va à gauche ». Si mon amie me fait jurer que jamais je n'irai avec une autre femme, cela me semble assez inadéquat pour garantir la relation. Dois-je faire une croix sur mon besoin d'autonomie ? Or, il me semble bien plus important d'avoir une réflexion de fond sur cette question : pourquoi est-ce que je décide de ne pas avoir de relations avec une autre femme que ma partenaire ? Si je reste exclusivement avec elle, quels besoins sont satisfaits chez moi ? Si je vais en voir une autre, quels autres besoins sont satisfaits ? Et de choisir.

Et que se passe-t-il si un homme affirme : « Cela remplit un de mes besoins que d'aller voir si l'herbe est plus verte ailleurs » ?

À ce moment-là, ce serait passablement absurde si cet homme jurait à sa partenaire qu'il n'aura jamais de relations avec d'autres femmes. Si c'était moi, je n'accepterais pas d'autres engagements que ceux qui servent à remplir mes besoins au sein de cette relation. Le sens d'une relation de longue durée avec un ou une partenaire, c'est de se soutenir mutuellement au mieux pour traverser les aléas du développement de chacun et pour jouir de la vie commune que les partenaires se sont choisie. Des relations sexuelles hors du couple ne sont pas précisément un facteur contribuant à assurer une certaine qualité d'intimité et d'affection mutuelle. Cela n'a rien à voir avec la morale sociale courante autour des questions de sexualité. Pour moi, aller à gauche n'est en soi ni bon, ni mauvais.

Je me poserais plutôt la question des conséquences que mon acte risque d'avoir sur ma relation.

Et précisément parce que l'amour et l'intimité figurent parmi nos besoins fondamentaux, j'accorde une importance toute particulière à mettre de la clarté dans mes choix et mes stratégies. En effet, deux personnes peuvent avoir des conceptions diamétralement opposées sur ces questions ; et en conséquence, elles développent de manière plus ou moins consciente, des attitudes très différentes. Lorsque nous parlons d'amour et d'intimité dans un couple, c'est plus important que jamais de formuler une demande concrète pour faire comprendre à l'autre ses propres désirs.

Et le destin tragique de nombreuses relations amoureuses est que les partenaires n'apprennent pas à partager entre eux leurs sentiments et leurs besoins. La personne avec laquelle j'avais envie de vivre cette proximité très particulière se transforme en une personne avec laquelle j'ai le plus de difficultés à me mettre au diapason.

La difficulté qu'ont les hommes et les femmes à se communiquer mutuellement leurs besoins au sein du couple remonte à la répartition traditionnelle des rôles entre les sexes. Les femmes ont appris depuis longtemps qu'elles n'ont aucun besoin, et que leur principale fonction est d'être aux petits soins pour les autres. Pendant toute ma jeunesse, mon modèle de femme idéale s'énonçait à peu près dans ces termes :
« Je serai comblée lorsque je m'occuperai de ma famille, de mon mari et de mes enfants. »

Moi, j'aimerais bien savoir quels sont vos besoins.

Eh bien, dialoguons ! Je vous répondrai :

– *Mon besoin, c'est d'avoir une famille heureuse.*
– Si j'entends bien, vous aimeriez contribuer à ce que la vie soit facile pour votre mari et pour vos enfants. Rien à redire à cela. Mais je suis sûr que vous souhaiteriez la pareille pour vous ; que les personnes qui vous sont proches vous demandent de temps en temps : « Et toi ? Comment vas-tu ? De quoi aurais-tu besoin pour que la vie te soit plus facile ? »

– *Comment vais-je ? Mais cela n'intéresse absolument personne ! Et d'ailleurs, il faut bien quelqu'un qui ait l'œil sur tout. Qui d'autre que moi peut le faire, je vous le demande ?*
– Ah ! Ah ! nous nous rapprochons du sujet. D'une certaine manière, vous avez raison : votre mari ne va probablement pas le faire... parce que vous ne lui laissez aucune chance de pouvoir intervenir. Vous ne lui avez encore jamais montré à quel point le travail de s'occuper des autres peut être satisfaisant.

– *Ah ça ! Je voudrais bien être là, le jour où mon mari trouvera le chemin de la cuisine, ou même simplement, verra tout ce qu'il faut faire dans le ménage. Voyez-vous, quand il veut m'aider et qu'il fait tout de travers, je lui dis gentiment d'aller se rasseoir, et je m'arrange mieux toute seule.*
– Cette personne a été préprogrammée pour être un homme ! On pourrait peut-être aider ce malheureux et lui apprendre la saveur que c'est de s'occuper d'autres personnes.
– *Tiens ! voilà qui me plaît bien...*

Pendant si longtemps les femmes ont vécu, leur vie durant, cantonnées dans ce rôle. Et elles le font toujours

aujourd'hui, du moins une grande partie d'entre elles. À votre avis, quel besoin est satisfait chez elles ?

Le besoin de sens. Notre culture a réussi le tour de force d'induire chez les femmes une stratégie destructrice autour d'un besoin incontournable, vital même. Vous-même, vous avez appris que votre besoin de sens dans votre vie est rempli lorsque vous mettez sous le boisseau tous vos autres besoins et que vous vous sacrifiez pour les autres. J'ai inventé un néologisme pour ça : c'est la maladie dite « féministose[16] ».

Heureusement que la propagation de cette maladie s'est un peu ralentie ces 40 dernières années. À mon avis, les femmes, en adoptant autrefois ces stratégies, s'étaient créé des espaces de pouvoir au sein de la famille, parce que la vie publique ne leur offrait guère de possibilités d'influence. Mais j'observe, et particulièrement dans vos stages, que la bataille entre les sexes se poursuit, malgré l'émancipation des femmes et tous les apports du féminisme. La lutte se joue maintenant entre des femmes libérées et conscientes et des hommes intériorisés et en recherche d'eux-mêmes, parfois passablement désécurisés. Lorsque je vois les enjeux de cette lutte de pouvoir dans les relations de couple d'aujourd'hui, cela m'apparaît comme la suite du scénario, sous une autre variante.

Et depuis combien de temps ce schéma culturel est-il inscrit dans nos habitudes ? Depuis des siècles ! Nous sommes confrontés à des structures de pensée et à des rapports de pouvoir extrêmement tenaces. Voici à peine un demi-siècle que nous essayons péniblement de modifier les rôles traditionnels de l'homme et de la femme. Nous avons déjà atteint des résultats étonnants, mais nous n'en sommes encore qu'au tout début.

Question impertinente : les êtres humains ont-ils vraiment envie de changer ? Si la femme s'oublie et préfère s'occuper des besoins des autres, n'est-ce pas on ne peut plus pratique pour l'homme ?

Ah ça oui, vous pouvez le dire : merveilleux ! Mais il y a un envers à cette médaille ; le devinez-vous ? C'est que l'homme devient un idiot fini sur le plan émotionnel. Du moins, c'est ainsi que je l'ai vécu moi-même dans mes relations. En clair, cela signifie que je manifeste, en tant qu'homme, aussi peu de conscience de mes besoins que la femme. Je n'en ai aucune idée. Si mes besoins ne sont pas remplis, j'attends les bras croisés que ma femme s'en aperçoive et qu'elle les comble. Et si elle ne se comporte pas en femme prévenante, je me charge de le lui faire sentir ; je me retire dans ma coquille. Et si la femme, suspectant qu'elle a mal fait, me demande :

– Marshall, qu'est-ce qui se passe... ? je réponds :

– Rien !

Cela ne dure pas longtemps avant que j'obtienne tout ce que je veux d'elle, car c'est trop insupportable pour elle. Mais cette stratégie a un prix très élevé : lentement mais sûrement, je tombe dans l'analphabétisme le plus profond sur le plan des sentiments. Je ne trouve plus mes mots ; je ne sais plus dire :

– Juste là maintenant, j'ai un grand besoin de contact et de douceur ; comment te sens-tu avec cela ?

Lorsque j'ai réalisé la première fois dans quel piège j'étais tombé moi-même, j'en ai été totalement choqué. D'après mon schéma de l'époque, ma partenaire devait mieux connaître mes besoins que moi-même. C'était à *elle* de pourvoir à tout ! Et si elle oubliait de le faire, je me mettais en colère. Et comme j'étais entouré de femmes toujours si prévenantes, qui étaient passées maîtres dans l'art de satisfaire à l'avance mes moindres désirs, je suis devenu petit à petit simple d'esprit sur le plan de mes besoins.

Je ne néglige pas le besoin de s'occuper des autres. Là où le bât blesse, c'est lorsque la femme en vient à se renier elle-même. À la longue, des sentiments désagréables, tels que la susceptibilité et la rage, naissent et se développent dans l'ombre quand la femme n'est pas vue pour elle-même, et que ses sentiments « comptent pour beurre ». Et moi, l'homme, j'ai toujours payé le prix fort pour mon oubli. J'ai fini par décider d'en tirer des enseignements et d'apprendre à m'occuper moi-même de mes besoins. Aujourd'hui, je deviens nerveux quand j'ai le sentiment qu'une personne fait quelque chose pour moi sans être elle-même en lien avec ses propres besoins.

En vous écoutant, je suis partagée. D'un côté, je me dis que les femmes ont déjà surmonté cet obstacle depuis longtemps ; d'un autre côté, j'entends toutes ces femmes autour de moi se plaindre de leur homme : « Jamais il ne parle de ses sentiments. » Essayons de questionner nos mythes sur les rapports entre les sexes – et je pars résolument d'une attitude constructive pour entrer dans le débat. Admettons que nous en soyons aux maladies d'enfance dans le développement des rapports entre hommes et femmes. À vos yeux, quels sont les symptômes de la « masculinitose[17] ».

Connaissez-vous la légende du chevalier sur son coursier blanc ? Il sauve tous les exploités et les damnés de la Terre ; il se jette dans des combats héroïques et massacre les dragons. Il voit du sens à sa bravoure et savoure la considération qu'il récolte lorsqu'il a sauvé la Femme perdue. Mais son action ne le comble que si elle vient de sa propre initiative. Dès qu'il soupçonne qu'elle attend quelque chose de lui, le charme disparaît. Si, *à ce moment précis,*

- la femme n'extériorise pas ses sentiments et ne manifeste pas ses besoins (sous prétexte de ne pas LE mettre sous pression), et
- l'homme simultanément ne veut pas voir les besoins de la femme (sous prétexte qu'il y voit une exigence),

alors les deux, homme et femme, sont prisonniers de leurs schémas de pensée respectifs.

Les deux maladies – la féministose et la masculinitose – partent de la même logique : il faut s'oublier soi-même pour rendre l'autre heureux. Cela ne m'intéresse pas de discuter si ces types d'hommes et de femmes sont encore répandus dans la société. Dès que l'on se met à parler de la manière dont les femmes et les hommes devraient être, on les « schubladise », c'est-à-dire qu'on les range dans des catégories, en niant leur potentiel d'évolution. Au-delà de la différence biologique entre les sexes, je voudrais tant que les hommes et les femmes soient d'abord considérés comme des êtres humains.

Je peux admettre que les hommes et les femmes sont coresponsables de fonctionner selon des modes de communication chacals. Il n'en reste pas moins que la violence corporelle dans les relations humaines a un sexe bien identifiable. Dans la grande majorité des cas, c'est l'homme qui frappe la femme. Pourquoi ?

À de nombreuses occasions, j'ai pu rencontrer des hommes qui avaient frappé leur femme. Et je suis régulièrement appelé dans des centres pour femmes ou des communautés de femmes. J'y ai découvert une dynamique que je mets en relation avec ce mythe que nous sommes responsables de ce qui arrive à l'autre. Et plus précisément, ce mythe que l'homme est responsable de la jouissance sexuelle de la femme. Cette croyance est ancrée dans des couches très profondes, souvent inaccessibles à la conscience. Je suis intimement persuadé que nous tenons là une des clés explicatives de la violence que subissent les femmes. Le mythe s'énonce clairement :

> « Ce que tout homme qui se respecte doit savoir faire, c'est de pouvoir faire monter des orgasmes chez sa femme. »

Si ce commandement est bien imprimé en lui, et que sa femme ne veut pas avoir de relations sexuelles avec lui, le voilà perdu ; il est privé de sa masculinité ; c'est une très grave menace pour lui. Et le cercle vicieux s'enclenche : comment voulez-vous encore trouver du plaisir à votre sexualité dans ces conditions ? Et plus la femme se refuse, et plus l'homme devient hargneux. Les deux partenaires s'enfoncent dans le désespoir ; la peur les tenaille tous deux. Le scénario est tout écrit : elle se retire de plus en plus et un beau jour, il la frappe.

Ma première rencontre avec le sexe est un parfait exemple de cette logique. Lorsque j'étais jeune homme, je me consacrais tout entier au sport, particulièrement au base-ball. Tous les après-midi, j'étais sur le terrain avec mes copains. Un certain après-midi, quand j'arrivai au terrain, je vis un attroupement. Tous mes copains faisaient cercle autour du plus âgé d'entre nous – il avait peut-être 15 ans et moi, 13. J'étais totalement excité :

« Et alors, pourquoi on n'y va pas ? J'ai hâte de jouer ! ».

Quand je me suis approché du groupe, j'ai entendu la question qui circulait sur toutes les lèvres :

« Eh bien, Johnny ! Tu te l'es faite ? », ce qui voulait dire en clair :

« Jusqu'où t'es allé ? Tu lui as touché les seins ? Avez-vous eu un rapport ? »

C'était devenu le nouveau sport à la mode. Tu as gagné si tu réussis à coucher avec elle. Tu as prouvé que tu es un homme, un vrai !

Et que pensez-vous du cliché prétendant que « tous les hommes ne pensent qu'à ça » ?

Ce n'est pas là que se situe l'enjeu. Il s'agit bien plutôt d'amasser des points ; ta valeur d'homme se mesure au nombre de tes rencontres sexuelles. Pour les hommes, les affaires de sexe sont souvent emmêlées avec leurs représentations de la masculinité. Au moment où ils commencent à interpréter les refus de la femme comme des rejets de leur personne, leur estime d'eux-mêmes en prend un coup terrible. Ils disent :

« Elle est frigide ! Quoi que je fasse, elle ne réagit plus en me voyant. »

De très nombreux hommes ne sont pas capables de dire :

« Lorsque je ne perçois plus de réactions de ta part, je suis plongé dans une totale insécurité, et je ne sais plus comment remplir mon besoin de douceur et d'intimité. »

Ils sont nombreux, ceux qui ne savent pas formuler leur douleur. Et il leur est impossible d'entrer en matière sur les angoisses de leur femme, avant d'avoir reçu eux-mêmes de l'empathie en suffisance. Ils interprètent un « non » comme un rejet.

À son tour, la femme interprète le comportement de son homme :

« C'est bien la preuve que quelque chose ne marche pas chez moi ; je ne reçois pas de cet homme l'amour dont j'ai besoin ; à ses yeux, je ne suis qu'une poupée. »

Quand nous sommes prisonniers de stéréotypes culturels sur le rôle respectif des hommes et des femmes, nous sommes tous pris au piège, que nous soyons femme ou homme. La douleur est équitablement partagée ; les femmes et les hommes la ressentent. C'est ainsi : la souffrance n'est jamais d'un seul côté.

Ce n'est donc pas la sexualité qui provoque le conflit, mais la peur de l'humiliation et de l'incompréhension. Ces

sentiments ressortent de manière très destructive dans le champ des relations sexuelles. Il ne faut pas s'en étonner, car les relations sexuelles sont le domaine par excellence où règnent honte et tabous. C'est là aussi que l'on communique le moins facilement.

Oui, et il y a là tant et tant de douleur ! Et je suis si triste de constater que les choses se répètent encore et encore : à chacun de mes stages intensifs se trouve au moins une femme qui a été abusée sexuellement, le plus souvent par son propre père. Et je sais d'avance que son témoignage va inciter trois ou quatre autres femmes à oser parler. Et je pense aussi à toutes celles qui n'ont pas encore trouvé en elles le courage d'exprimer leur vécu.

Comment vous y prendriez-vous pour encourager un homme à parler de ses sentiments, sans pour autant qu'il ait l'impression d'être soumis à la pression d'une attente ?

Je lui passerais quelques extraits de films vidéo lui montrant ce type que sa partenaire taxait de « Monsieur Granit » – un certain Rosenberg... Si *lui* a réussi à exprimer ses sentiments, alors – je vous le jure – chacun peut y arriver.

Si je pense aux conditions de socialisation qui ont été les miennes, je ne m'étonne plus que cela ait présenté une certaine difficulté pour moi, juste de reconnaître que c'est bon et utile d'exprimer des sentiments et de les partager avec d'autres. Lorsque j'ai eu neuf ans, on m'a dit : les gars n'ont jamais peur, les gars ne pleurent jamais. Alors, du jour au lendemain, j'ai cessé de montrer mes faiblesses.

Je ne veux pas dire que tout s'est bien passé ; j'ai traversé des tourments d'enfer ! J'étais persuadé que si j'abandonnais cette identité d'homme invincible, il ne resterait rien de moi. J'étais profondément convaincu que personne sur Terre ne me prendrait plus au sérieux si moi, *un homme,* je me mettais à pleurer. Et devant une femme, il en était encore moins question. Ce n'est que bien plus tard que j'ai découvert que les femmes sont affamées de cette partie de l'homme, qu'elles veulent aussi de la sensibilité.

Il y a bien des années de cela, j'ai traversé une expérience marquante à ce sujet. C'était en 1970 ; j'animais à Toronto un stage pour mères célibataires. De très nombreuses participantes avaient été maltraitées par leur homme. Lors de l'après-midi final, au moment du partage en grand groupe, une de ces femmes m'adressa la parole en ces termes :

> « Marshall, je dois avouer que je regrette beaucoup mon attitude. J'étais totalement opposée à ce que nous t'invitions, et j'ai tout fait pour empêcher que ce stage n'ait lieu. J'avais la croyance que nous n'avions rien à faire d'un homme de plus, un de ces hommes qui nous ont cassées. Pas la peine de nous broyer encore plus ; cela suffit comme ça. Mais j'ai ressenti un tel bonheur, ce matin, à être en lien avec toi ; je t'en suis vraiment reconnaissante ; tu ne peux pas imaginer à quel point cela a de l'importance pour moi. »

Les larmes me sont venues... et je n'osais pas lever les yeux vers le cercle. Un homme ne pleure jamais... et encore moins quand il est l'animateur d'un stage... et encore moins devant cinquante femmes. Et lorsque j'ai osé enfin lever les yeux, j'attendais des regards de mépris et d'embarras. Or, j'ai découvert sur tous ces visages un infini respect et beaucoup d'amour.

Et là, je me suis vraiment mis à pleurer à chaudes larmes, et je n'arrivais plus à m'arrêter. Et je pensais en moi-même :

« Ces femmes ne se sont pas saignées aux quatre veines pour que je leur offre le spectacle d'un homme qui chiale. »

Mais lorsque je me suis repris, j'ai vu qu'elles ne me regardaient pas comme un imposteur. C'était la première fois depuis trente années que je pleurais.

9

Élever les enfants sans utiliser la violence

« Et si votre enfant était Gandhi en personne... »

Combien de fois ai-je entendu de la bouche de personnes sceptiques : « La Communication NonViolente est une bonne idée... mais qui ne s'applique pas aux enfants ! » D'après elles, les enfants ne seraient pas encore capables de parler de leurs sentiments et de leurs besoins, ni, a fortiori, de comprendre les quatre étapes de la CNV.
Et vous, quel est votre avis là-dessus ?

J'ai remarqué que les enfants apprennent la CNV deux fois plus rapidement que les adultes. Quand je vais dans les écoles, je travaille parfois de la façon suivante. Je débute par une petite introduction à la CNV, adaptée à chaque degré : je commence par les plus petits, passe au niveau moyen et finis par les grands, au niveau gymnasial. Tout à la fin, je m'occupe du corps enseignant.

En principe, j'enseigne la même matière à chacun des groupes : j'explique comment il faut s'y prendre avec un interlocuteur ou une interlocutrice qui ne sait parler que la langue chacal, donc qui toise et juge les autres, qui ne cesse de se plaindre, etc. Je leur apprends qu'on peut traduire ces expressions en langue girafe.

Les plus jeunes saisissent rapidement, si bien que, lorsque je prends le rôle d'un enseignant et que je dis :

– Comment as-tu pu faire pareille sottise ! Vraiment, je me demande où tu avais la tête !

il se trouve une petite fille de six ans pour réagir avec un :

– Vous aimeriez que j'adopte une attitude différente ? C'est cela ?

J'arrive à leur faire comprendre que l'on peut saisir les besoins de quelqu'un sans prendre ses paroles contre soi. Il faut aux petits environ une heure pour assimiler l'idée de base de la CNV.

Ensuite, je m'occupe successivement des élèves du degré moyen puis du degré supérieur. Plus ils grandissent, plus le temps d'assimilation s'allonge ; plus longtemps ils ont été programmés en langue chacal, plus difficile est mon travail de transmetteur de la CNV. Et la difficulté culmine avec le corps enseignant... là, cela devient carrément tragique. Bien qu'ils aient entendu l'exposé deux fois – car ils étaient aussi présents lors de la présentation aux élèves – ils sont paralysés à un point... Si je leur dis, dans le rôle d'un supérieur hiérarchique :

– Comment avez-vous pu prendre une décision aussi idiote ! Vraiment, je ne vous reconnais pas...

il se trouve toujours un enseignant pour répondre :

– Oh ! je vous présente mes excuses...

Une excuse est à mille lieues de l'empathie !

Pourrait-on dire que les enfants sont encore en lien avec leur énergie girafe originelle, énergie que les adultes ne vont pas tarder à réprimer ?

Oui, c'est cela. J'ai mis au point un exercice que je propose aux parents ; il se déroule comme suit : « Écrivez sur un papier ce que vous diriez à une personne qui vous a emprunté un objet, et qui ne vous le rend pas. » Auparavant, j'ai subdivisé le groupe en deux sous-groupes. À celui de la première salle, je dis : « La personne dont il s'agit est l'un de vos enfants. » ; à l'autre, dans la seconde salle : « La personne en question est votre voisin le plus proche. » Peu après, je réunis les deux sous-groupes et nous analysons les réponses en commun. Jusqu'à présent, le résultat a toujours été le même. Laquelle des deux personnes, à votre avis, a bénéficié du plus grand respect et de la plus grande attention ?

Je vous le dis : c'est le voisin d'à côté ! Cet exercice m'a montré que nous autres, adultes – et j'en fais aussi partie ! –, manifestons souvent plus de compréhension pour des personnes avec lesquelles nous n'avons pas de lien particulier, que pour nos propres enfants.

Lorsque ce constat m'est devenu évident, j'ai voulu m'assurer de ne jamais plus traiter les enfants autrement que s'il s'agissait de personnes à qui je témoignais le plus grand respect. Pour m'ancrer dans cette prise de conscience, j'ai inventé un exercice qui demande un peu d'imagination. Il commence de manière très simple :

> « Rappelez-vous une situation où votre enfant – ou un enfant qui vous est proche – a fait quelque chose qui vous déplaît... »

Puis l'exercice se corse :

> « ... et maintenant représentez-vous que, par un heureux hasard, la personnalité que vous admirez le plus au monde,

une célébrité pour laquelle vous avez un immense respect, soit votre hôte. Pour une raison tout à fait inexplicable, voilà que cette personne, là, dans votre salon, pose exactement le même acte dérangeant que votre enfant. Et maintenant, qu'allez-vous dire à cette personnalité si admirable ? »

Est-ce que vous vous représentez ce qui se passera la prochaine fois que vous vous mettrez en colère contre votre enfant, et que vous le regarderez comme la personne que vous respectez le plus au monde ? Lorsque j'ai fait moi-même l'exercice, je me suis représenté que Gandhi en personne était mon invité. Quelle situation étrange : voilà que votre enfant est Gandhi !

Malheureusement, Gandhi n'était pas la figure la plus adéquate pour la prochaine situation que j'ai eu à gérer chez nous. Mon plus jeune fils s'était lavé les cheveux dans l'évier de la salle de bain, et l'évier en était couvert ; il y en avait partout. Même si je me suis un peu forcé à mettre à la place de mon fils la tête lisse comme un œuf de Gandhi... l'exercice m'a été très utile.

J'ai vraiment vu comment, dans notre culture, nous déshumanisons facilement une personne, après l'avoir rangée dans la catégorie « enfant ». Dans le même tiroir mental se trouvent d'innombrables pensées qui nous empêchent d'être des parents attentifs et ouverts. L'une de ces pensées est la croyance, très répandue, que les parents sont responsables du comportement de leurs enfants. Autrement dit, je dois surveiller que mon enfant se « tienne bien ».

Voilà bien une attitude déplacée, d'une part parce qu'elle est destructive pour l'évolution de l'enfant ; d'autre part, parce qu'elle est tout à fait inutile. Avez-vous déjà vu qu'on puisse contrôler le comportement d'une autre personne ?

Mais voyons ! Bien sûr que je dois m'occuper de surveiller l'attitude de mon enfant si je suis son père ou sa mère ! Et je dois intervenir souvent ! Je suis bien responsable qu'il n'arrive rien de mal à mes enfants, non ?

Je vous propose de bien différencier deux choses : je ne peux pas contrôler les faits et gestes d'une personne ; en revanche, je peux contrôler les circonstances.

Prenons l'exemple d'un petit enfant intrigué par une prise électrique, mais qui ne sait encore rien de ce qu'est l'électricité. Je peux lui répéter cent fois :
« Ne t'approche pas de cette prise, c'est dangereux ! »

Cela n'empêchera pas l'enfant de s'approcher de la prise. Il n'en fera de toute façon qu'à sa tête. Ce qui est en mon pouvoir, c'est de modifier l'environnement de l'enfant : poser un cache sur la prise, ou emmener l'enfant dans une autre pièce si je pressens un danger. Ce faisant, je remplis *mon* besoin de protéger l'enfant. Et je me comporterais exactement de la même manière avec des adultes qui ne parlent pas la même langue que moi, sachant qu'ils n'y connaissent rien en électricité. Et l'âge n'a rien à voir là-dedans.

Comprenez-vous ce que je veux dire : au nom de quelle loi devrais-je traiter différemment deux personnes, juste parce qu'elles sont d'un âge différent, ne parlent pas la même langue ou ne disposent pas d'un bagage de connaissances identique ?

Si je vous comprends bien, l'enfant est un être humain qu'on a plongé dans un monde qui lui est étranger. Dès lors, j'ai, en tant qu'adulte, l'énorme responsabilité de montrer à l'enfant comment fonctionne la vie, n'est-ce pas ?

Oui. Vous êtes responsable de le lui montrer par votre propre comportement ; par contre, vous n'êtes pas responsable de ses gestes à lui. Vous pouvez sincèrement vous demander :

> « Au fond, est-ce que je vis vraiment les valeurs que je voudrais bien transmettre à mon enfant ? »

Voilà quelque chose que vous pourriez déterminer vous-même. Mais vous n'avez aucun contrôle sur la manière dont l'enfant décide de se comporter.

Qu'en est-il des règles qui sont censées régir le comportement des membres d'une société comme la nôtre ? N'est-il pas important, lorsqu'on vit en communauté avec des enfants, de leur enseigner ces règles, et de les faire respecter ?

Et quelles sont ces règles, dont on aurait absolument besoin ?

Je pense à des règles fondamentales de la vie de famille, aux rituels qui ponctuent la vie quotidienne : par exemple, au fait qu'à certaines heures, tous les membres de la famille se retrouvent ensemble autour de la table pour prendre un repas, et que chacun est prié de s'en tenir à ces horaires.

Ah ! je vois... pour vous, c'est une règle. Pour moi, ce serait plutôt un besoin, par exemple de reconnaissance. Si vous consacrez beaucoup de temps et d'énergie à préparer un bon repas, vous aimeriez bien que ceux à qui ce repas est destiné soient là au bon moment. Alors vous leur demandez :

« Seriez-vous d'accord de venir à table à 19 heures, afin que nous puissions nous régaler tous ensemble ? »

Qui refuserait pareille invitation ? Voilà quelqu'un qui a préparé un repas tout exprès pour vous ; n'est-ce pas une occasion de se réjouir ? Naturellement, il peut arriver à tout instant des impondérables qui vous empêchent d'être là à l'heure. Si tel est le cas, ne souhaiteriez-vous pas bénéficier de compréhension – que ce soit dans une famille de 6 personnes ou dans un stage de 36 personnes ?

Pourquoi diable aurions-nous besoin d'une règle qui se formulerait par exemple ainsi :

« Il faut être à table à l'heure dite ; si tu n'y es pas, tu iras au lit sans manger ! »

Pourquoi avons-nous besoin de fixer de telles règles ? Je trouve cela plutôt sinistre.

Que pensez-vous de cet adage pédagogique universellement répandu : « Les enfants ont besoin de limites » ?

Oui, je l'entends souvent, cette phrase-là :

« Il faut poser des limites aux enfants ! »

Pourquoi aux seuls enfants ? Bien sûr qu'il est important de poser des limites à ceux qui nous entourent. Si mes besoins ne peuvent pas être remplis du fait du comportement d'une autre personne, j'ai à le lui dire. Et si je ne peux pas communiquer avec elle, il me reste à l'informer de ce que je vais entreprendre pour respecter mes besoins. Par exemple, si mon voisin fait du bruit, et que cela empiète sur mon besoin de tranquillité et de détente, je vais discuter avec lui. Et s'il n'entend pas et continue d'être bruyant, je vais lui dire :

« Si ça continue comme cela, voici ce que je vais entreprendre pour défendre ma tranquillité... »

Parfois, nous devons fixer aux autres des limites pour nous protéger, ou pour nous permettre de remplir des besoins qui, à cet instant-là, peuvent être encore plus importants que le besoin de protection. Mais tout cela n'a rien à voir avec l'âge de notre interlocuteur.

Il me semble que jusqu'ici, dans notre culture, l'éducation est imprégnée de l'idée que les besoins doivent être refoulés, ou pour le moins contrôlés. Quand et comment les enfants désapprennent-ils à repérer leurs besoins ?

Plus il est jeune, plus un être humain est relié à ses besoins. Il fut un temps où nous maîtrisions à la perfection le langage des sentiments et des besoins... jusqu'à l'âge de un an environ. Moi, par exemple, à l'âge de trois mois, lorsque j'étais réveillé par la faim au milieu de la nuit, je n'ai *pas* dit à mes parents :

« Eh là, bande de paresseux ! Comment pouvez-vous dormir sur vos deux oreilles ? Cela fait quatre heures que je n'ai rien eu à manger ! Allons, maniez-vous le train... et que ça saute : je veux mon biberon ! »

Si j'avais parlé ainsi, je ne serais pas là devant vous, car je serais mort de faim. Qui donc aurait envie de se lever au milieu de la nuit pour nourrir qui que ce soit qui lui balance de pareilles critiques au visage – je vous le demande ? Ce n'est que plus tard que nous apprenons cette manière désastreuse de communiquer les uns avec les autres.

Mais le mauvais pli se prend tôt dans la vie, c'est-à-dire dès qu'un enfant entend quelque chose du genre :

« Voici ce qui est juste, voici ce qui est faux. »

Tout commence à se gâter à partir de ce moment-là. L'enfant ne cherchera plus à savoir quels sont ses besoins, mais ce que son entourage pense de lui. En grandissant, son esprit sera patiemment (dé)formé à deviner, jour après jour, minute après minute, ce que les autres pensent de lui et comment ils jugent la manière dont il se comporte. L'enfant le mieux drillé à cet exercice est celui qui vit avec des parents pour qui les instruments de la bonne éducation sont le bâton et la carotte.

Je vois bien les dégâts que peut causer la punition. Mais la récompense ? Les enfants n'apprennent-ils pas à coup de bons points, ou de bonnes notes ? N'est-ce pas une merveilleuse expérience que de recevoir une récompense ?

Le problème, c'est qu'on confond « recevoir une récompense » avec « recevoir de l'attention ou de l'amour ». La récompense devient une drogue. Celui ou celle qui en devient dépendant passe son temps à rechercher des récompenses, des appréciations ou des compliments. À mes yeux cette dérive est encore bien plus dangereuse que les effets de la punition. Cette dépendance transforme n'importe quel être humain en une personne gentille... Gentille, mais morte !

Pour moi, ni la récompense, ni la punition ne sont des moyens éducatifs adéquats ; ils font tous deux partie du même système[18]. Dans ce système, le droit et la justice sont liés à la nécessité de « rendre la pareille », à la notion de mérite : celui qui est bon a mérité d'être récompensé ; celui qui est mauvais a mérité d'aller en prison. Je suis extrêmement préoccupé par les répercussions d'un système de pensée et d'un système judiciaire basés sur la récompense et sur la punition.

Mais n'est-ce pas ainsi que la punition est si dangereuse parce qu'elle humilie l'enfant, et l'être humain en général ?

Oui, je comprends ce à quoi vous faites allusion. En ce qui me concerne, je n'apprécie pas du tout que des hommes en punissent d'autres. Mais sur un autre plan, je ne vois pas que la punition ait un effet aussi pernicieux que la récompense. À mon sens, il n'y a rien de plus violent que de dire à un enfant :
« Je t'aimerai si tu ranges ta chambre ! »

En une parole, toute la beauté de l'amour est réduite à néant, car l'amour devient conditionnel.

Je crois que ce n'est pas si facile de renoncer à récompenser – surtout pour des parents. Et c'est sans compter la véritable joie que ressent un parent à dire à son enfant qu'il a bien fait les choses.

Lorsque je dis à un enfant : « C'est vraiment bien, ce que tu as fait ! », je donne l'impression de savoir ce qui est bien et ce qui est moins bien. Je me sers de la langue chacal pour exprimer mon plaisir ou ma reconnaissance. Une autre manière de parler serait d'exprimer comment je me sens face au geste de l'enfant, et quels besoins sont satisfaits chez moi. Cela serait bien plus goûteux pour moi, l'adulte, et ce serait bien plus clair pour l'enfant, qui pourrait comprendre ce qui se passe dans ses tripes.

Je me comporterais de la même manière avec n'importe quelle personne ; et en même temps, j'affirme qu'une telle attitude est particulièrement utile face à des enfants, car rien n'est plus destructeur pour eux que de grandir dans la croyance que les adultes ont la science infuse, qu'ils les jaugent à tout moment, qu'ils leur « mettent des notes » pour ce qu'ils ont fait de bien, de juste ou d'agréable. Et si ces enfants observent qu'ils n'ont de la valeur que quand leurs parents – ou qui que ce soit d'autre – les félicitent, que pensez-vous qu'il leur reste sur le plan de l'autoappréciation ? Rien, plus rien ! Devenus adultes, ils abandonneront leur propre pouvoir et le remettront aux mains d'autres personnes.

Mes enfants étaient encore petits lorsque je me suis rendu compte pour la première fois à quel point la récompense peut être dangereuse. À cette époque, je me suis demandé si moi-même j'étais vraiment libéré de dire à mon entourage des phrases telles que : « Je t'aimerai si... ». Pour le vérifier, j'ai pris à partie mon fils de trois ans :

– Eh, Brad ! dis-moi pourquoi ton papa t'aime.

– Parce que je ne fais plus caca dans mes langes !

Je fus pris d'une profonde tristesse. Ainsi donc, moi aussi, je concourais à perpétuer un système de pensée qui veut qu'un enfant soit bon s'il va faire ses besoins aux W.-C. Et le dialogue s'est poursuivi :

– Oui, c'est vrai cela me fait très plaisir quand tu es propre, mais ce n'est pas pour cela que je t'aime, Brad. Trouve autre chose.

– Parce que je ne jette plus mon assiette par terre.

Nous venions d'avoir un conflit au sujet de ce que l'on fait avec la nourriture qui reste dans son assiette lorsqu'on n'a plus faim.

– Oui, ça aussi, cela me fait plaisir. J'apprécie que tu laisses dans ton assiette ce que tu ne veux plus manger, mais ce n'est toujours pas la raison pour laquelle je t'aime, Brad. Trouve autre chose.

Il est devenu songeur et muet ; il m'a regardé, perplexe :

– Pourquoi tu m'aimes, papa ?

Et moi, dans mon for intérieur, j'en venais à me demander pourquoi je m'étais laissé embarqué dans une discussion sur l'amour inconditionnel avec mon fils de trois ans. Je lui ai répondu :

– Eh bien, comme ça, pour rien ! Je t'aime juste parce que tu es toi !

Il a compris tout de suite ; le concept lui paraissait clair. Il avait intégré cette merveilleuse idée que nous pouvons être aimés pour qui nous sommes, et non pour ce que nous faisons. Cela lui a beaucoup plu ; les yeux brillants, il a vérifié :

– Papa, tu m'aimes parce que je suis moi ?

– Oui, c'est tout à fait cela.

Pendant les deux jours qui suivirent, j'ai cru devenir fou : toutes les dix minutes, Brad venait vérifier auprès de moi :

– Papa, tu m'aimes parce que je suis moi ?

Vous êtes d'avis que, s'il est possible de parler avec un enfant de trois ans de l'amour inconditionnel, cela devrait aussi être possible d'aborder ses sentiments. Est-ce bien cela ?

On peut parler de sentiments avec toute personne, quel que soit son âge. Avec un enfant de trois ans, il peut arriver que le vocabulaire des sentiments ne soit pas encore acquis. À ce moment-là, il est utile de connaître le langage du cœur de l'enfant. Si vous utilisez des concepts abstraits, tels que « juste » ou « faux », cela lui sera beaucoup plus difficile à comprendre que si vous parlez le langage du cœur. Si votre enfant a décidé :

– Non, je ne veux pas faire cela ! vous n'allez pas lui demander :

– Est-ce que ton besoin d'autonomie n'est pas rempli ? mais plutôt :

– Est-ce que tu voudrais faire cela quand tu as décidé de le faire et non pas quand je te le demande ?
– Oui !

J'adapte mon langage à la situation et aussi au vocabulaire dont dispose la personne avec qui je m'entretiens.

Mais n'est-il pas dangereux d'exiger d'un enfant plus que ce qu'il peut comprendre, par exemple en discutant de ses besoins ? N'est-ce pas lui donner une responsabilité trop lourde pour lui ?

Cette question m'a aussi préoccupé, en particulier quand j'ai commencé à travailler dans des contextes pédagogiques. Car tout à coup, mes idées ne risquaient plus seulement d'atteindre mes propres enfants, mais aussi d'avoir des répercussions sur l'éducation de milliers d'autres.

Alors j'ai cherché à mettre sur pied un jeu qui me permettrait de tester jusqu'où un enfant est capable d'assumer une responsabilité. J'ai pris mes propres enfants comme cobayes pour évaluer jusqu'à quel degré ils étaient capables d'assumer leur pouvoir de décision. Nous avons appelé cette expérience le « jeu du chef ». Cela marchait ainsi :

Chaque jour, à tour de rôle, chacun de mes trois enfants était nommé chef. Moi, j'avais la casquette de super-chef. Je déléguais au chef mon pouvoir de décision habituel sur mes enfants dans des situations choisies. Ce transfert de pouvoir était définitif ; autrement dit, j'acceptais les décisions prises par le chef, même si elles ne me convenaient pas. Les enfants ont beaucoup aimé jouer à ce jeu, et moi aussi.

Je vais vous donner un exemple pour vous illustrer la manière dont ce jeu a permis à mes enfants de gérer leur pouvoir de décision. Un jour que nous avions décidé de jouer au jeu du chef, je devais aller rechercher des habits dans une entreprise de nettoyage chimique. J'y suis allé avec mes enfants. À la réception, l'employée qui nous servait a ouvert un tiroir dans le comptoir et en a sorti trois bonbons. Elle voulait en donner un à chacun de mes enfants. J'ai sauté sur l'occasion d'expérimenter notre jeu. J'ai dit à la dame :

« Veuillez, je vous prie, remettre ces bonbons au chef. »

Elle m'a regardé sans comprendre. Ce jour-là, c'était le tour de Brad d'être chef. Il a tendu la main pour réceptionner les trois bonbons. Je lui ai dit :

« Chef, à toi de décider quoi faire avec ces bonbons ! »

Quelle horreur !

Oui, je me posais la même question : peut-on donner à un enfant de trois ans la responsabilité de gérer trois bonbons ? Je le vois encore comme si c'était hier : c'était une véritable épreuve pour lui. Il est resté là, debout devant le comptoir, à réfléchir intensément. Il était soumis à la pression de son frère et de sa sœur qui s'impatientaient à ses côtés. Après une longue réflexion, il tendit un bonbon à son frère et un à sa sœur.

N'avait-il pas déjà intégré, par un enseignement extérieur, qu'il faut toujours partager avec ses frères et sœurs ?

Non, je ne le crois pas, car, une semaine auparavant, dans une situation analogue, il avait gardé les trois bonbons pour lui tout seul. Vous pouvez vous imaginer ce qu'il advint le lendemain, lorsque Brad n'était plus chef. C'est ainsi que mes enfants ont appris en accéléré quelques règles fondamentales sur la satisfaction des besoins, et sur leur pouvoir de décision. Et moi aussi, par la même occasion. La leçon du jeu : Si je mange tous les bonbons pour assouvir un besoin momentané de gourmandise, je me prive de la satisfaction d'un autre besoin, dans le cas particulier, le besoin de coopération et d'amitié entre copains, ou frères et sœurs.

Êtes-vous sûr que Brad n'a pas agi par besoin de sécurité, par peur des retombées de la colère de son frère et de sa sœur ?

Je pense plutôt que, lorsqu'il a mangé les trois bonbons, il a dû sentir distinctement à quel point son frère et sa sœur étaient dépités. Un enfant de trois ans a parfaitement la capacité de comprendre la règle qui en découle :

Si nous remplissons un besoin aux dépens d'autres personnes, ce n'est plus vraiment un plaisir que de vivre avec ces personnes au quotidien, alors qu'elles sont frustrées de n'avoir pas reçu ce qu'elles espéraient.

Naturellement, avec mes enfants, j'ai choisi des situations où je les estimais capables de gérer la décision. Ils n'ont pas eu l'air de souffrir d'un stress insupportable, même si les décisions furent parfois douloureuses à prendre. Si cela avait été le cas, nous n'aurions pas joué à ce jeu pendant si longtemps.

En d'autres termes, cela signifie-t-il que les enfants peuvent apprendre qu'ils ont le droit de satisfaire leurs besoins, mais qu'il est souvent impossible de les satisfaire tous à la fois en tout temps ?

Pourquoi pas ? Ce n'est pas toujours si facile de remplir tous ses besoins, mais je suis intimement persuadé que c'est possible.

Brad aurait pu saisir une chance de satisfaire tous ses besoins à la fois. Par exemple, le dialogue suivant aurait pu s'instaurer avec son frère et sa sœur :

– J'aimerais bien goûter aux trois bonbons ; ce serait le top pour moi. Qu'est-ce que vous pensez de cela ?

– Oui, on te comprend, mais nous, on espérait aussi en recevoir un de ces bonbons...
– Moi, je n'ai que trois ans, et j'aimerais tellement connaître les différences de goût entre les bonbons. Est-ce que ce serait trop dur pour vous si je les mangeais tous ?

De deux choses, l'une : soit le frère et la sœur auraient pu manifester un certain plaisir à voir leur petit frère essayer de nouveaux goûts, soit Brad aurait pu entendre leur besoin et aurait pu découvrir la joie du partage.

Le problème ne réside pas dans le fait de ne pas pouvoir satisfaire tous nos besoins à tout instant ; il se niche dans notre difficulté à comprendre ce qui se passe. Très souvent, nous avons des croyances solidement ancrées sur la seule manière dont nous voulons être heureux. Autrement dit, nous confondons en permanence nos souhaits et stratégies avec nos besoins. Naturellement, cette confusion ne nous permet pas d'entrer en communication.

Il me reste toujours une interrogation à propos de la responsabilité et de la décision. Ce sont des situations classiques, que je vis souvent avec les enfants. L'enfant est fatigué, et je lui demande « Que veux-tu ? Aimerais-tu aller te coucher ? » Il répond avec véhémence « Non ! » Mais à mon sens, il est totalement dépassé par son état de fatigue.

J'ai aussi fait mes expériences avec ce sujet. Le débat recommençait tous les soirs : quand est-ce l'heure d'aller se coucher ? À cette époque, mes enfants avaient cinq, six et neuf ans. J'avais déterminé moi-même l'heure à laquelle tous devaient être au lit. Mais chaque soir, les hostilités recommençaient, car aucun d'eux ne voulait aller au lit à l'heure que j'avais fixée.

À ce moment-là, je travaillais dans une clinique universitaire avec des médecins. L'un d'eux m'avoua quelque chose de surprenant :

« Nous sommes actuellement confrontés à un gros problème de santé publique que nous ne savons comment aborder. Nos jeunes étudiants, âgés de dix-huit ans et tout frais débarqués de leur cocon familial, ne dorment pas assez. Toute leur vie, ils ont eu des parents sur le dos, qui leur ont imposé l'heure du coucher. Et maintenant, ils profitent de leur nouvelle liberté et restent éveillés la moitié de la nuit. Comme ils n'ont pas appris à être à l'écoute de leur corps, ils ne remarquent pas leur manque de sommeil, et ils tombent malades les uns après les autres. »

En mon for intérieur, je me disais :

« Marshall, pourquoi, bon sang, veux-tu absolument déterminer l'heure du coucher de tes enfants. Pourquoi ne peux-tu pas faire confiance que leur corps sait mieux que toi quand ils sont fatigués et ont besoin d'aller dormir ? Veux-tu vraiment endosser la responsabilité de leur vie, et celle de les voir tomber malade quand ils seront hors du nid ? Non, je ne le veux pas ! Je ne veux pas leur imposer l'heure du coucher. »

Et j'ai continué ma petite litanie intérieure :

« Alors, Marshall, pourquoi tiens-tu tant à ce qu'ils aillent au lit à une certaine heure ? Est-ce que tu te fais du souci pour leur santé ? Est-ce cela ta motivation ? »

J'ai fini par m'avouer à moi-même que ce n'était pas la santé de mes enfants qui me mobilisait, mais *ma* santé psychique ! J'avais besoin de tranquillité à la fin de ma journée. Mais à eux, je ne le leur disais pas en ces termes :

« Allez vous coucher ; je sais ce qui est bon pour vous ! »

Sur la base de ce constat, j'ai repris la discussion avec eux sur de nouvelles bases :

– Il faut que nous reparlions de l'heure du coucher. Je dois avouer que je n'étais pas très au clair sur la raison qui me poussait à vous demander de respecter les heures du coucher. Est-ce que vous n'avez jamais eu besoin de temps pour vous, et qu'on vous fiche la paix ?...

Je n'ai pas eu besoin de faire de longs discours ; ils avaient déjà compris.

– ... Et voyez-vous, comme j'ai besoin de silence à un moment donné, je veux que vous alliez vous coucher à huit heures.

Cela aussi, ils le comprenaient ; et mon fils Rick, l'aîné, enchaîna :

– Mais papa, très souvent, nous ne sommes absolument pas fatigués à huit heures. Cela n'est pas drôle d'aller se coucher dans ces conditions !
– Oui, je peux comprendre cela.

Et ma fille de six ans, Marla, eut alors une idée géniale :

– Et que dirais-tu si nous rentrions dans nos chambres respectives à huit heures, et que nous allions ensuite nous coucher quand bon nous semble. Toi, tu aurais ta tranquillité et ton temps à toi...

L'idée me parut bonne. Et c'est ainsi que nous avons organisé la suite. À huit heures, ils prenaient chacun leur quartier dans leur chambre, en toute liberté. Ils avaient compris mon besoin, et je n'avais plus à crier. Aussi longtemps que je ne les voyais, ne les entendais ou ne les sentais pas, ils étaient libres d'aller se coucher à l'heure qu'ils voulaient. Le premier soir, j'ai entendu Brad, mon cadet, faire du remue-ménage dans sa chambre jusque tard dans la nuit. Le lendemain matin, il était extrêmement bougon, car il n'avait quasiment pas dormi. J'ai dû me mordre la langue pour ne pas lui asséner :

« Tu vois ! je te l'ai dit que tu avais besoin de dormir plus ! »

Son corps a pris le relais et le lui a dit de manière plus convaincante que moi. Après quelques nuits presque blanches, Brad est allé de lui-même au lit, tôt dans la soirée. Et il a conservé ce besoin de repos jusqu'à aujourd'hui ; c'est un « couche-tôt ». À partir de ce moment-là, la question de l'heure du coucher était réglée. Les enfants ont veillé eux-mêmes à respecter leurs heures de sommeil, et moi, j'avais la paix le soir.

D'après vous, c'est la tâche des parents de prendre au sérieux les besoins de leurs enfants, mais aussi celle des enfants de comprendre les besoins de leurs parents. C'est bien cela que vous sous-entendez ?

Oui, je trouve que c'est très important d'offrir aux enfants la possibilité de comprendre les besoins des adultes. Je vais vous raconter encore une histoire à ce sujet. Un soir, je suis rentré à la maison, harassé ; je venais de passer toute la journée à faire une médiation entre des agents de police blancs et un gang de rue noir. Peu de temps auparavant, il y avait eu trois morts à l'occasion d'une bataille de rue : deux membres du gang et un policier. Vous pouvez peut-être vous imaginer la violence de la rencontre entre les membres du gang et les policiers. Après trois jours de médiation, je suis rentré en voiture à la maison, totalement éreinté, me jurant de ne plus jamais me mêler à un conflit. En poussant la porte de ma maison, je suis tombé sur une horde d'enfants en bagarre. J'ai donc crié, mais j'ai crié en langage girafe :

– Eh ! mes cocos, je suis totalement épuisé ; j'en ai par-dessus la tête des conflits ; je viens de passer trois jours avec des gens en pétard. Est-ce que vous seriez prêts à remettre votre bagarre à plus tard et à me laisser en paix pendant une heure ?

Mes enfants ont arrêté tout de suite à se chamailler et mon fils aîné m'a regardé dans les yeux :

– Aurais-tu besoin d'en parler ?

J'ai jubilé de cette réponse, mais je n'ai pas remarqué, sur le moment, comment je me comportais avec lui. Je l'ai mis dans mon tiroir « enfant », et je n'ai pas pris sa proposition au sérieux, puisqu'on ne peut recevoir de l'aide que d'un adulte, c'est bien connu ! Par chance, j'ai remarqué ce qui se passait. L'ironie de la situation, c'est que je venais de classer mon fils de la même manière que ces gens engagés dans un conflit raciste : au lieu de voir en face d'eux des êtres humains, ils avaient vu des noirs et des blancs. Dès que nous mettons quelqu'un dans un tel tiroir, nous nous mettons à penser en termes de stéréotypes, et nous ne voyons plus l'autre comme une personne.

Donc, j'ai saisi l'offre de mon fils avec gratitude :

« Oui, je veux bien en parler si tu m'offres de l'écoute. »

Et mes trois enfants m'ont suivi dans le salon et m'ont écouté raconter mon histoire. J'ai pu être entendu par eux avec empathie ; je leur ai dit à quel point je souffrais de voir des gens se blesser et se tuer à cause de la couleur de leur peau. Après cela, je me sentais beaucoup mieux.

Comme tout être humain, les enfants désirent comprendre ce qui se passe chez ceux qui les entourent. Lorsqu'il s'agit d'amener les enfants à prendre des responsabilités dans la famille, les parents n'ont souvent pas d'autres ressources que de leur asséner :

« Tu *dois* prendre ta part des tâches du ménage ! »

Quelle que soit la nature de la tâche que les parents donnent à leurs enfants, si ceux-ci s'exécutent, ils le feront dans une énergie de révolte terrifiante. Pourquoi les parents n'expliquent-ils pas à leurs enfants qu'ils ont besoin d'aide et de soutien pour les tâches ménagères ?

Vous voulez dire que le fait d'expliquer la chose à un enfant ou à un adolescent, cela lui permet d'augmenter la chance qu'il la fasse vraiment dans un esprit de bénévolat ?

Ma formule serait plutôt :

« Quelle contribution souhaiterais-tu apporter à la vie de famille ? »

Et je ferais la liste de toutes les activités à assumer pour la bonne marche du ménage, en expliquant pourquoi chacune d'elles est importante. Et je réunirais la famille en demandant à chaque membre, y compris moi :

« Cherche quelque chose dans cette liste, que tu ferais volontiers, sachant que tu contribues ainsi au confort de la famille. »

Je l'ai testé avec de nombreuses familles. Cela marche bien mieux que ce que je n'espérais les toutes premières fois où je l'ai essayé.

Vous venez de dire, il y a quelques instants, que les parents ne sont pas responsables du comportement de leurs enfants. Et qu'en est-il de l'école ? Que se passe-t-il si mon enfant ne veut pas aller à l'école ? Les parents ne sont-ils pas responsables d'envoyer leurs enfants à l'école ? C'est même une obligation légale, si je ne m'abuse !

Il peut malgré tout décider de ne pas y aller ; cette décision lui appartient. Même si la loi dit : « Tu dois... », l'enfant peut décider qu'il n'ira pas.

Vous pouvez me citer n'importe quelle règle : tout homme peut décider de la respecter ou non. Dire qu'il faut obéir aux lois, c'est biaiser la réalité. Ce sont les gens qui édictent les lois, qui souhaitent qu'elles soient suivies !

Cette différenciation est aussi une clé pour l'école. Un jour, j'ai travaillé dans une école aux États-Unis, où le taux d'absentéisme non justifié avoisinait les 30 %. Presque un tiers des élèves ne se rendaient tout simplement pas à l'école. Et je me souviens de ce directeur d'école qui m'affirmait, péremptoirement :

« La loi oblige tous les jeunes jusqu'à l'âge de seize ans révolus de fréquenter l'école. Ils n'ont pas le choix ! »

Or, dans la réalité, un tiers d'entre eux prouvaient quotidiennement par l'acte qu'ils avaient *bel et bien* le choix.

Au cours de la première pause du matin, un des enseignants s'approcha de moi et me dit :

« Venez demain matin, vers neuf heures... vous verrez quelque chose de comique... et de tragique à la fois. »

Le lendemain, à l'heure dite, les haut-parleurs de l'école crachaient la sentence quotidienne :

« La loi vous oblige à venir à l'école jusqu'à ce que vous ayez seize ans... »

Mais un tiers des élèves n'entendaient pas le message... puisqu'ils n'étaient pas là.

Il ne me viendrait jamais à l'idée d'imposer à qui que ce soit d'obéir à une règle. Au contraire, je dis partout :

« Ne suivez jamais une règle, à moins que vous ne compreniez que cette règle est au service de la vie, et qu'elle a tout son sens dans ce but-là ! »

Je peux vous suivre... en théorie. Mais j'ai un exemple concret que j'aimerais vous soumettre : le fils d'une de mes amies ne cesse de faire l'école buissonnière. Que peut-elle faire d'autre que de l'obliger à aller à l'école ? Comment pourrait-elle s'y prendre pour le ramener dans le droit chemin ?

Et pourquoi ne lui dirait-elle pas la vérité ? :

« J'aimerais vraiment que tu ailles à l'école ; j'ai peur pour toi ! Que vas-tu devenir si tu ne vas pas à l'école ? »

Il le sait bien que personne ne peut l'obliger à aller à l'école. Mais s'il entend à longueur de journée « Tu dois... », cette injonction s'imprime dans son cerveau, muselant sa créativité. Il n'est alors plus capable d'imaginer toutes les options qui pourraient enrichir sa vie.

J'affirme qu'il retournera librement à l'école, si sa mère lui donne assez d'empathie. Elle devra comprendre ce qui se passe en lui quand il déclare :

« Je ne veux pas aller à l'école ! »

Nous pourrions ici tenter de lui donner cette empathie. Je prends le rôle du jeune homme, et vous, celui de sa mère. Je ne veux pas aller à l'école. Quel est mon âge ?

Quinze ans.

D'accord ! À quel moment commençons-nous ? Comment débutez-vous notre dialogue ?

– *Ton professeur m'a téléphoné ce matin, parce qu'il ne t'a pas vu en classe hier. Tu m'avais pourtant dit que tu y irais...*

À une telle question, je ne répondrais d'abord rien du tout, car je suis un jeune homme de quinze ans futé. Et je sais : « Surtout ne jamais répondre à de telles questions en l'absence de mon avocat. » Mais même mon silence est un message clair... pour qui sait entendre de manière empathique.

– *Et qu'as-tu fait au lieu d'aller à l'école ?*
– Je suis resté au lit jusqu'à deux heures de l'après-midi !
– *T'as vraiment aucune envie d'aller à l'école ; c'est ça ?*
– Les profs n'ont que de la merde à nous mettre sous la dent. ça me barbe au plus haut point ! L'école, c'est nul... à quoi elle sert, l'école, hein ?
– *Si je comprends bien, tu aimerais bien apprendre des choses qui te seront utiles dans la vie ?*
– Ouais ! Je m'ennuie à mourir dans cette cambuse !
– *Quelles sont ces branches que tu détestes tant ?*
– Toutes !
– *Et qu'est-ce qui t'intéresse dans la vie ?*

N'allez pas trop vite à la recherche d'une solution. Je viens de me détendre un brin.

Très souvent, la personne écoutée lâche une information capitale tout au début d'un dialogue empathique. Mais le lien entre l'écouté et l'écoutant n'est pas encore suffisamment fort et profond pour que le sens sous les mots passe. Allez lentement ! Goûtez le plus longtemps possible à la manière dont la relation empathique se consolide sous vos yeux. Après seulement, intéressez-vous à une solution possible.

– ***Si je comprends bien, ce qu'on t'enseigne ne t'intéresse absolument pas. Et cela te dérange au plus haut point quand tes profs te reprochent tout le temps d'être désintéressé et paresseux. C'est cela ?***
– Oui, ça me mine quand je vois comment les profs traitent les élèves.
– ***Tu aimerais bien être pris au sérieux par tes profs ?***
– Ils nous traitent comme de la merde si l'on n'a pas fait ses devoirs... et le reste de la journée, ils nous gueulent dessus comme des gardes-chiourme...
– ***Tu voudrais pouvoir décider ce que tu veux faire et quand tu veux le faire ?***
– Ouais... peut-être bien... et j'sais bien que je devrais me sortir les pouces à l'école... et je vois bien que tu te fais du souci pour moi tout le temps... ça me va pas que vous soyez stressés, papa et toi, à cause de moi.
– ***C'est la raison pour laquelle tu ne m'as pas dit que tu restais à la maison ?***

Non, cela n'est pas de l'empathie ! Cette question vise à obtenir plus d'informations, alors qu'il s'agit maintenant de nourrir le lien avec moi, à partir de ce que je viens de dire. Nous nous approchons de la difficulté : si vous posez de telles questions, je vais perdre le fil de mon voyage intérieur dans mes sentiments. Restez toujours collée à ce qui est vivant au moment présent chez l'autre personne.

– ***Il me semble entendre que tu te fais aussi du souci sur ce qui se passe entre toi et l'école. Comment c'est pour toi, le matin au saut du lit, quand tu te vois aller à l'école ? Est-ce que ça*** *te fait comme une bouffée de frustrations et de dégoût... et ça te donne juste envie de retourner sous la couette ?*

– J'ai un petit moulin dans la tête : je me dis que je devrais y aller, que je me fous la vie en l'air et que je vous stresse... et je me retrouve piégé... et ça me dégoûte encore plus d'aller à l'école... (temps d'arrêt)... et puis ça me revient que je devrais l'avoir, ce foutu papier... et que je devrais avoir des notes à ras la corde... (temps d'arrêt)..., mais ce qu'ils nous apprennent, c'est vraiment n'importe quoi !

– *Si je comprends bien, ce n'est pas l'envie d'apprendre qui te manque, mais tu ne veux pas remplir les exigences de l'école ; c'est cela ?*

– Ouais, mais je devrai bien me farcir le paquet, sinon je vais rester scotché ici toute ma vie. Mais, y'a rien à faire, y'a des trucs qui me dépassent complètement...

– *Est-ce que cela t'irait mieux de disposer de plus de temps pour intégrer les notions qu'on essaie de vous transmettre ?*

– Non, ce n'est pas une question de temps. Pour certaines choses, je suis vraiment trop bête !

– *Est-ce que tu aurais besoin de soutien ? Est-ce que nous pourrions t'aider d'une façon ou d'une autre ?*

– Mmh ! ch'sais pas...

C'est encore trop tôt pour entrouvrir une porte de sortie, car cela interrompt le flux de mes émotions qui montaient. Notre dialogue m'a permis de descendre très profondément dans mon monde intérieur. Votre proposition de solution m'a arraché de ce lieu si précieux au fond de moi.

Et même si vous avez mis le doigt sur la solution parfaite et que vous avez toute une série de conseils dans la tête, tournez votre langue un million de fois dans votre bouche avant de lui proposer une solution... et demandez-lui en premier lieu s'il a envie de l'entendre.

– ***On dirait que tu es assailli par le doute, que tu ne sais plus vraiment où te tourner en ce moment. Est-ce que c'est ça ?***
– Ouais, si on veut... et je n'arrête pas de me dire que vous devez être sacrément déçus de moi. Mon frère n'a pas fait le con comme moi... (temps d'arrêt) Lui, il l'a eu son papier... et avec de bonnes notes par-dessus le marché.
– ***Tu aimerais bien avoir aussi du succès, comme ton frère. Et que nous soyons fiers de toi... c'est ce que tu te souhaiterais ?***

Non, ça ne va pas. Vous venez d'énoncer un souhait ; cela nous amène dans le futur. Or, l'empathie, c'est maintenant que cela se passe. Chaque fois que nous quittons notre présence à l'autre, nous interrompons la relation fluide qui s'établit entre deux personnes au niveau des sentiments. Cela arrive chaque fois que nous perdons de vue l'instant présent, et que nous invitons l'autre à se projeter dans le futur, ou à rechercher une solution.

– ***Je te vois tout déprimé, alors que tu aimerais tellement que le succès te sourie.***
– Oui... mais je suis le « looser » de la famille... vous devez tout le temps vous faire du souci pour moi... et merde, j'sais pas comment changer ça... et ça me fout le bourdon... et puis j'ai plus envie d'aller dans c'te foutue école !
– ***Il me semble que tu es prisonnier d'un cercle vicieux, c'est bien ça ?***
– Oui...
– ***Et tu ne sais plus quoi faire... ni comment te sortir de ce pétrin... ?***
– Oui.
– ***Tu aurais besoin de plus de confiance en toi pour oser retourner à l'école ; tu voudrais bien être plus « cool » ?***
– Oui !

Voilà, nous y sommes presque. Je donne ma main à couper que je vais retourner à l'école. Il faudra encore quelques échanges de ce type, et puis j'irai, car je me sens en lien, en confiance.

Un jeune comme lui a toujours une bonne raison de ne pas aller à l'école ; il est habité par un gros conflit de conscience. Nous nous en sommes approchés de très près. Si la mère et son fils peuvent conserver cette relation de confiance vivante au niveau du cœur, ce n'est plus qu'une question de temps. *Il n'y a rien à faire.* La solution vient à nous toute seule... et beaucoup plus rapidement que nous le pensions au départ.

L'empathie, ce n'est pas si simple ! Cela ne ressemble à rien de ce que nous avons l'habitude de faire dans nos dialogues ordinaires. Il me semble que nous sommes souvent très démunis, et que notre bonne volonté, ou nos efforts pour comprendre ce qui se passe chez l'autre, sont bien peu efficaces.
Je remarque de plus en plus fréquemment combien nos pensées et nos bonnes raisons, quand elles nous remplissent la tête, nous privent du contact avec l'autre au niveau du cœur. Et comment puis-je rétablir ce contact si je l'ai perdu ?

Vous avez pu observer, au cours de notre dialogue, que notre relation s'interrompait parfois pour un petit moment. Puis, vous avez réussi à renouer le dialogue profond. Si vous perdez l'autre pendant quelques instants, cela n'a pas de conséquences inéluctables, car la souffrance, elle, continue de tarauder la personne écoutée. Les propositions de solutions, les explorations du futur ou les réminiscences du passé ne font que freiner le processus de rapprochement au niveau des sentiments. À tout moment, vous pourrez revenir au lien et renouer avec les sentiments et les besoins de l'autre. Nous n'avons pas besoin d'être parfaits. Retenez bien que le plus important pour cultiver l'empathie, c'est de rester présent à l'autre et de ralentir le rythme des échanges. Et de refléter les sentiments et les besoins, et non pas les avis et les opinions de l'autre.

Je souhaite de tout mon cœur que les parents reçoivent eux-mêmes de l'empathie, avant d'en donner à leurs enfants. Je me demande vraiment combien de mères ou de pères reçoivent l'empathie dont ils auraient tant besoin au milieu du stress et du désarroi dans lesquels ils ou elles se trouvent ?

Ils sont rares. Je voudrais qu'il existe un lieu pour soutenir les parents. C'est vraiment un travail harassant que d'être parent, un vrai travail qui manque singulièrement de reconnaissance professionnelle. C'est pourquoi aucune structure n'a encore vu le jour pour soutenir les parents. Par exemple, dans toutes les professions, il y a un droit aux vacances. Quels parents peuvent partir en vacances de leurs enfants ? Et comment voulez-vous qu'un parent puisse donner de l'empathie à son ado qui ne veut pas aller à l'école, s'il est lui-même habité par la peur de l'avenir. C'est diablement difficile à faire.

Et si nous revenons à notre adolescent de tout à l'heure, aussi longtemps que vous lui signifiez qu'il n'a pas le choix, il entend des exigences à son égard et se sent mis sous pression. Sa résistance se renforce, ce qui bloque toute velléité de changement. Au contraire, s'il reçoit de l'empathie, il retrouve l'accès à sa confiance et peut envisager d'exploiter ses potentialités. Cela ne veut pas dire que, du jour au lendemain, il trouvera un plaisir fou à fréquenter l'école... mais il ira.

Comment pouvez-vous en être si sûr ?

J'ai creusé le sujet et écris un livre sur ce thème[19]. J'y explore les raisons pour lesquelles un enfant ne veut plus rien savoir de l'école. J'ai eu l'occasion de m'entretenir avec de nombreux enfants et adolescents qui mettaient les pieds au mur. Les parents n'en revenaient pas de voir les mutations vécues par leurs enfants après qu'ils eurent parlé avec moi. Ils me demandaient :

« Mais qu'avez-vous raconté à mon enfant pour que son opinion sur l'école ait pareillement changé ? »

Jusqu'alors, les parents avaient toujours peint le diable sur la muraille, et prédit moult catastrophes si leur fils ou leur fille n'allait pas à l'école. Et cela ne les avait pas fait bouger d'un pouce. Après que je leur eus donné de l'empathie, ils ou elles décidèrent en toute liberté de retourner à l'école... la plupart du temps du moins. J'ai aussi vu des cas où c'était simplement plus sensé de ne pas retourner à l'école. Mon fils cadet a été un tel cas : il avait décidé de ne plus aller à l'école. Je trouve aujourd'hui que c'était une sage décision.

Comment cela ? Votre fils n'a pas été à l'école ? Comment est-ce possible ?

C'est vrai qu'il y a une loi prescrivant qu'on doit aller à l'école jusqu'à l'âge de seize ans.

Mais Brad n'avait vraiment aucun plaisir à fréquenter l'école. Une des raisons tenait au système éducatif lui-même. La manière d'enseigner des professeurs le dégoûtait d'apprendre ; le pire pour lui, c'est qu'il s'ennuyait à longueur de journée. Mais il y avait aussi une autre raison.

Dix ans auparavant, j'avais décidé de déménager avec ma famille dans un quartier culturellement mixte de la ville, une sorte de quartier pilote pour l'intégration raciale. Je ne voulais plus habiter dans un environnement exclusivement blanc, et préférais un cadre de vie multiculturel. Au moment où nous emménageâmes, la moitié de la population du quartier était blanche, l'autre moitié, noire. Mais au moment où mon fils devait entrer au niveau moyen – il avait alors douze ans –, il s'est retrouvé être le seul élève blanc dans une classe d'enfants noirs.

Une évolution de ce genre n'était pas rare. La plupart des essais de créer des quartiers culturellement diversifiés ont échoué : comme les blancs quittaient le quartier les uns après les autres et, au bout du compte, il ne restait plus qu'une population noire. C'est du moins ce qui était arrivé dans notre quartier. Ce n'était pas du tout facile, pour mon fils, de se retrouver seul blanc dans une classe d'enfants noirs. Il devait encaisser toute la rage accumulée par la population noire, qui se percevait comme une minorité soumise à la discrimination raciale.

J'ai pris acte que la vie dans cette école était devenue très difficile pour mon fils. Nous en avons beaucoup discuté ensemble. Je pouvais facilement lui donner de l'empathie, le comprendre, et saisir qu'il pourrait tirer un meilleur parti de la vie s'il n'allait pas à l'école. Je lui ai aussi expliqué la situation juridique, et j'ai pu partager avec lui mes préoccupations et mes angoisses par rapport à son avenir, s'il quittait l'école. Il a été très lucide sur les risques liés à une pareille décision, mais il a voulu les prendre malgré tout.

Le prochain pas a été de se présenter au tribunal ; nous y sommes allés les deux, en voiture, et je me souviens encore lui avoir dit, pendant le trajet :

« Tu sais, Brad, ça ne va pas être facile. Et peut-être que cela pourrait t'être utile de te mettre dans la peau de ce juge : il sait qu'il est là pour protéger les enfants et les adolescents. C'est pourquoi, c'est important que tu ne le perçoives pas comme un ennemi. »

Et, en effet, Brad s'est très bien comporté devant le juge. Il lui a témoigné un grand respect, tout en lui expliquant qu'il pensait pouvoir apprendre plus de choses hors de l'école qu'en restant en classe, et qu'il ne profiterait nullement de l'enseignement dispensé par les professeurs. Et moi, j'observais ce pauvre juge, et j'ai vu à quel point il était irrité de voir que Brad n'était pas dans la rébellion. Il avait l'habitude d'être confronté à des jeunes qui étaient soit ce qu'on appelle « dérangés », soit « délinquants ». Il savait quoi faire avec eux : il les envoyait dans des institutions faites pour les « dérangés » ou faites pour les « délinquants ».

Brad n'appartenait manifestement à aucune de ces deux catégories. Pris au dépourvu, le juge finit par s'adresser à moi :

– Et il a votre accord sur le fait de ne plus aller à l'école ?
– Oui, il l'a !
– Alors... si vous tenez vraiment à ruiner la vie de votre fils, et que vous prenez l'entière responsabilité de votre geste, je vous libère de l'obligation d'envoyer votre fils à l'école.

Et c'est ainsi qu'il nous a relâchés... et Brad n'est plus retourné à l'école... ce qui ne m'a pas empêché de me faire un sang d'encre pendant dix ans à propos de son avenir.

Vous doutiez d'avoir pris la bonne décision, vous, son père ?

Oui, mes chacals intérieurs m'assaillaient régulièrement, soutenus par une armada de bons conseils distillés par les membres de ma famille :

« Un jour – tu verras – tu t'en mordras les doigts. Brad doit absolument aller à l'école ! Comment peux-tu tolérer qu'il n'y aille pas ? Il est perdu ! Et ce sera toi le responsable de ce naufrage ! »

Et j'étais effectivement tenaillé par l'angoisse, parce que je n'avais aucune idée de ce que Brad allait devenir.

Oui, je peux bien vous croire. Et en même temps, votre fils devait se sentir drôlement conforté dans sa certitude. Avoir un père qui le prenne au sérieux et qui le soutienne, quel bonheur !

Oui, cela l'a beaucoup aidé. Il a dû beaucoup se défendre d'être celui que tous ceux de son entourage percevaient comme un garçon rebelle et difficile. En particulier du côté de sa mère. Nous vivions séparés à cette époque, et elle l'avait chassé de la maison, car elle n'arrivait pas à en faire façon.

Il est alors venu vivre chez moi. Nous avons vécu en bonne entente... ce qui n'a pas manqué de soulever des vagues de récriminations, chez elle et parmi les membres de ma famille, tous estimant que je n'étais pas assez sévère avec lui. Et moi-même, il m'est arrivé plus d'une fois de tomber dans une profonde incertitude. Mais n'ai pas fait ce que j'entendais dire de toutes parts :

« Fous-lui un grand coup de pied au cul. Il a besoin de quelqu'un qui le fasse marcher au pas, ce fainéant ! »

Mais je l'ai laissé aller à son rythme.

Et quelle est la suite de l'histoire ?

À quatorze ans, il a quitté l'école. Il a passé énormément de temps à écouter de la musique ; il a pris ma guitare et a commencé à gratter. Je lui ai demandé :

– Aimerais-tu apprendre à jouer de la guitare ? Tu pourrais prendre des cours de musique ?

– Papa, laisse-moi tranquille ! Tu sais bien que je ne supporte pas l'enseignement.

En peu de temps, il sut jouer assez bien de la guitare et fit même partie d'un groupe de musiciens. Il gagnait quelque argent... oh ! pas grand-chose, mais tout de même ! Il a appris une quantité de choses pendant la période où il n'allait plus à l'école. Mais je continuais à me faire beaucoup de souci pour lui.

À l'âge de 24 ans, il avait déjà beaucoup voyagé de par le monde. Il voyait son frère gagner sa vie en enseignant l'anglais à l'étranger, et il voulut en faire autant. Il devait donc fréquenter une école supérieure ; mais il n'avait pas son baccalauréat. Aux États-Unis, il est possible de passer un examen d'équivalence, ce qui permet de passer ensuite au niveau supérieur. C'est ce qu'il fit... et il le réussit.

J'ai bien ri de le voir, lui qui ne voulait plus fréquenter les bancs d'école ; il ne pouvait plus s'arrêter d'étudier. Il a passé treize années à l'Université et obtenu un doctorat ès lettres romanes. Aujourd'hui, il est assistant à l'Université.

Je suis très heureux de voir le tour qu'a pris sa vie, mais je ne minimise pas non plus les angoisses qui m'ont assailli à intervalles réguliers pendant les premières dix années de sa formation.

10

Introduire la CNV à l'école

« Enseigner, c'est donner envie aux élèves de se lancer sur les chemins de la vie. »

Vous avez commencé très tôt à proposer la Communication NonViolente dans les écoles. De nombreux initiateurs se sont sentis inspirés par vos méthodes et ont fondé des écoles girafes, où l'on enseigne aux élèves selon des méthodes pédagogiques radicalement différentes des méthodes traditionnelles. Vous avez soutenu ces enseignants dans leurs efforts pour appliquer les principes de la CNV. Actuellement, on trouve des écoles girafes dans plus de cinquante pays à travers le monde. À quoi ressemble une école girafe ?

Je suis très reconnaissant d'avoir pu fonder de telles écoles... et d'observer qu'elles fonctionnent. Dans ces écoles, appelées officiellement « Life-Serving-Schools[20] », on ne connaît pas l'expression « Tu dois... ». Les enseignants ne déterminent pas ce que les élèves « doivent » apprendre. Ils leur proposent ce qui leur semble utile à apprendre, mais les laissent libres de choisir. Les élèves n'apprennent donc que ce qui leur paraît un enrichissement pour leur vie. Tout ce qui se passe en classe est basé sur l'adhésion volontaire. Aucun élève n'apprend quoi que ce soit pour obtenir une note ou une récompense. La seule motivation des élèves est d'aller plus loin dans la vie, ou de rendre leur vie plus intéressante.

Dans les années cinquante, John Holt a écrit un livre sur l'éducation[21], que je considère comme le meilleur ouvrage jamais écrit sur ce sujet. Il y écrit :

« Si nous devions forcer les enfants à apprendre à parler, ils ne l'apprendraient jamais. »

Comprenez-vous la force de ce message ? J'acquiers chaque jour plus de certitude que ce message de Holt est pertinent.

Je vois des enfants de 3 ans parler parfaitement une langue étrangère, l'allemand en l'occurrence, et même le suisse allemand ! Pour moi, c'est une sorte de miracle ! C'est la chose la plus naturelle au monde que d'apprendre et d'aimer découvrir... jusqu'au jour où quelqu'un nous y oblige. Tout plaisir s'évanouit alors d'un coup !

Si je suis enseignant girafe, je suis conscient que je ne peux obliger personne à apprendre quoi que ce soit... et que cela peut même être dangereux si je persiste à le faire. En revanche, je peux faire une offre ; mais que les élèves s'en saisissent ou non n'est plus en mon pouvoir.

J'ai déjà de la peine à accepter le mot qu'on utilise pour désigner l'enseignant : « le maître ». Lorsque je tiens ce rôle, je me perçois plutôt comme un prestataire de services. J'ai quelque chose à offrir qui m'est très précieux. Si chaque jour un groupe d'enfants de six ans venait dans ma classe, je suis presque sûr qu'ils brûleraient de savoir ce que j'ai à offrir. Tous les enfants de six ans ont déjà vu des livres... et des adultes plongés dans leur lecture. Moi, quand j'étais petit, j'étais très impatient d'apprendre à lire. Avant que j'aille à l'école, mon grand-père me lisait des histoires, mais pas aussi souvent que je ne l'aurais voulu. Je l'ai si bien harcelé qu'il a fini par m'apprendre à lire. Et c'est ainsi que je savais déjà lire en entrant à l'école obligatoire.

J'utilise souvent cette métaphore : l'enseignant est un voyagiste. Autrement dit, enseigner, c'est donner le goût du voyage. Les voyagistes offrent des buts d'excursion ou des propositions de séjour ; ils peuvent nous conseiller ou nous faire des recommandations. Mais ils ne nous ordonnent pas de nous rendre quelque part. Les enseignants voyagistes n'attendent pas de leurs élèves qu'ils partent tous en même temps, ni qu'ils choisissent tous le même but du voyage. Ils structurent leur offre et règlent tous les problèmes d'organisation mais ils ne partent pas avec leurs « clients » en voyage.

Plusieurs destinations de voyage ? Mais comment est-ce possible avec un groupe de trente élèves ?

Dans les écoles ordinaires dans lesquelles je vais souvent travailler, l'enseignant est comme une bouteille de lait et les élèves comme des verres vides sur une étagère. L'enseignement consiste à vider la bouteille de lait dans les verres. À l'heure des examens, les verres se revident dans la bouteille... ce qui fait, au bout du compte, trente verres sales et une bouteille pleine de lait vomi.

Pour répondre à votre question, je suis d'accord avec vous que, dans le modèle d'école que je viens d'évoquer, il est difficile de s'occuper individuellement d'un enfant qui pose problème, alors que les vingt-neuf autres attendent plus ou moins patiemment que le prof ait résolu le problème.

C'est pourquoi j'aime bien l'image de l'enseignant voyagiste qui offre des destinations différentes, mais ne part pas en voyage avec ses clients. Voici un exemple :

C'est une classe d'enfants de douze ans dans une école girafe en Israël. J'y étais, il y a quelques semaines de cela. Quand je suis entré dans la classe, l'enseignante se trouvait dans un coin de la pièce avec deux garçons et une fille qui avaient manifestement besoin d'un soutien particulier. Dans le reste de la classe, les élèves étaient répartis par petits groupes de quatre ou cinq élèves. Je me suis assis à une de ces tables et j'ai observé la scène.

Une des élèves était en train d'*expliquer* un sujet à un des garçons de son groupe, et lui donnait un exercice à faire sur le même thème. Puis elle s'est tournée vers une autre fille du même groupe pour *apprendre* de sa bouche d'autres notions. Tous les membres de ce petit groupe étaient liés d'une manière ou d'une autre dans une relation d'apprentissage. L'enseignante avait su créer un cadre favorable, mais la transmission du savoir ne passait plus forcément par elle.

Ainsi, de nombreuses études pédagogiques montrent que les meilleurs enseignants sont les élèves qui viennent de comprendre quelque chose. La plupart des choses que savent les enfants, leur ont été enseignées par d'autres enfants. Lorsque l'enseignement est conçu de telle manière, l'enseignant peut se consacrer à quelques élèves en particulier, sans que les autres piétinent.

Et que se passe-t-il en cas de conflit ?

Les élèves se débrouillent entre eux, car ils ont été initiés au déroulement d'une médiation dans le cadre de l'enseignement scolaire. Un jour, j'ai observé deux garçons d'environ dix ans qui se querellaient. Ils ont demandé le soutien d'un de leurs pairs, le médiateur du jour. Dans cette classe, un élève différent se présente chaque jour spontanément pour être le « médiateur du jour ». Un coin de la salle de classe est réservé à la pacification des conflits. Les trois s'y rendent, et le médiateur en herbe distribue à l'un des protagonistes une marionnette de girafe, et à l'autre, une paire d'oreilles de girafe à se poser sur la tête. Celui qui détient la marionnette a le droit de parler en premier, et son copain doit l'écouter d'une façon empathique. Le médiateur donne le signal du départ :

« Observation ! »

– Il m'a bousculé dans la cour de l'école... et il n'avait aucune raison de le faire...

À ces mots, le médiateur, qui tient dans sa main une marionnette de chacal, lui fait ouvrir et fermer la gueule en signe de désapprobation. Le garçon a parfaitement compris le message et corrige le tir :

– Il m'a bousculé dans la cour de l'école... et je suis tombé par terre.

« Sentiments ! »

– Je me sens blessé.

« Besoins ! »

– Je veux être traité avec respect...

« Demande ! »

– Je voudrais savoir pourquoi tu m'as fait ça !

Puis l'autre garçon, qui porte des oreilles de girafes sur la tête, répète les quatre étapes de la communication – observation (O), sentiments (S), besoins (B), demande (D) –, pour montrer qu'il a bien enregistré le message :

– Lorsque je t'ai bousculé dans la cour de l'école, tu es tombé par terre (O) ; tu te sens blessé (S), parce que tu voudrais être traité avec respect (B) ; et tu voudrais bien savoir pourquoi je t'ai fait cela (D).

Le médiateur se tourne alors vers celui qui vient de raconter son histoire et lui demande :

– Te sens-tu compris ?

– Oui !

« Inversion ! »

Maintenant, c'est au tour du second de raconter sa version de ce qui s'est passé. Les marionnettes changent de mains, les oreilles aussi. En peu de temps, les trois garçons ont réglé le conflit. Tout à la fin de la « séance », le médiateur pose une dernière question aux deux protagonistes :

– Comment vous sentez-vous maintenant ?

L'un d'eux répond :

– Bien ! C'est mon copain ! Et je ne voulais pas me fâcher avec lui… et maintenant c'est bon !

Et voilà ! Les trois retournent à leurs places respectives et tout est redevenu calme.

Dans les écoles girafes, comment les enseignants s'y prennent-ils pour vérifier que les élèves ont bien acquis les connaissances qu'ils leur ont offertes ?

Ils disposent de tests. Mais ces tests n'induisent pas la peur de l'échec, car ils ne sont pas conçus pour vérifier que l'élève a bien emmagasiné la matière obligatoire. Ces tests sont, au contraire, un outil au service de l'enseignant ; ils l'informent sur la manière dont son enseignement est reçu et perçu par les élèves. Ils ne sont d'ailleurs pas effectués à la fin d'un cycle d'enseignement, mais au début. L'enseignant peut ainsi obtenir une image plus précise de ce dont les élèves ont encore besoin, et des prochains chapitres à aborder avec eux.

Ces tests dans les écoles girafes ressemblent à s'y méprendre aux exercices que je propose dans mes stages, et qui permettent aux participants de s'exercer à utiliser la CNV dans leurs relations. De tels exercices me permettent alors de mesurer à quel point les participants ont déjà assimilé le processus de CNV. Et s'ils ne sont pas très habiles dans le maniement de cet outil, je ne vais pas leur mettre de mauvaises notes, mais plutôt leur fournir des éclaircissements supplémentaires. Ce faisant, j'exerce simplement mon métier d'enseignant, qui consiste à offrir à ceux qui sont venus pour apprendre, ce qu'ils cherchent. Avec une telle attitude intérieure, enseigner devient un réel plaisir.

Attendez ! Si je suis enseignante dans une école traditionnelle, que puis-je faire d'autre que de mettre des notes aux élèves ? Je dois le faire, non ?

Et moi, je vous répondrais : « Pourriez-vous me poser à nouveau la question en enlevant le « je dois » ? ». Je vous propose de tenter un dialogue. À vous la parole !

– ***Le système scolaire dans lequel j'enseigne fonctionne avec des notes. Et comme j'aime mon métier, que je voudrais bien le garder, car j'apprécie de recevoir mon salaire tous les mois, j'ai décidé de continuer à enseigner dans ce système. Et cela, même si je dois évaluer les élèves par des notes.***

– Si je vous comprends bien, vous aimeriez savoir comment enseigner avec plaisir dans une école qui met des notes ; c'est bien cela ?

– ***Oui !***

– Voici ce que vous pouvez dire à vos élèves : « Les notes sont totalement impropres à mesurer la qualité des élèves. Des études ont montré que les élèves qui consacrent le moins de temps à leurs études obtiennent les meilleures notes... parce qu'ils connaissaient déjà la matière auparavant. Ces élèves ont grandi dans des familles privilégiées, pour qui la culture a une grande importance. Ils ont déjà un grand bagage de connaissances au début de l'année scolaire, et si l'on mesure leurs acquis réels en cours d'année, meilleures sont les notes, plus minces sont leurs acquis. Les responsables de ce système scolaire tiennent *mordicus* aux notes. Ne nous laissons pas embobiner dans un tel système de pensée ; je vous propose autre chose : Déterminons pour chacun d'entre vous, en fonction de son bagage de connaissances actuel, un programme d'apprentissage taillé sur mesure. Ceux qui parcourront tout le chemin balisé obtiendront d'excellentes notes. Réfléchissons ensemble à la quantité de savoir que vous avez besoin d'engranger pour obtenir une note donnée. À vous ensuite de réfléchir à quelle note vous voulez arriver. Vous étudierez aussi longtemps que ce sera nécessaire pour obtenir la note que vous vous êtes fixée. »

Et vous croyez vraiment que cela va fonctionner comme vous le dites ?

J'ai rencontré une enseignante aux États-Unis qui l'a fait. Je donnais une formation dans sa classe ; je l'ai donc vue à l'œuvre. Elle a négocié un contenu d'enseignement particulier avec chacun et chacune de ses élèves, en fixant par avance quels acquis donneraient droit à quelles notes. Dans cette région, le premier trimestre commence en septembre et finit en janvier. Et voilà que cette pauvre enseignante me téléphone, éplorée, en octobre : « Marshall ! Je ne sais plus quoi faire ! La totalité de mes élèves a appris la totalité du programme fixé pour chacun... et il reste encore deux mois avant la fin du trimestre ! »

Si les élèves ont une idée précise de la valeur de ce qu'ils apprennent, qu'ils peuvent déterminer eux-mêmes comment ils répartissent l'effort d'acquisition dans le temps, qu'ils peuvent choisir librement les contenus de leur apprentissage et le niveau de connaissances qu'ils souhaitent eux-mêmes atteindre, alors les choses sont renversées : l'enseignant aura de la peine à les dissuader d'apprendre. Je vous le garantis !

Pendant un certain temps, j'ai aussi travaillé dans une école supérieure. La direction était convaincue que les enseignants devaient évaluer les élèves par des notes. Et moi, j'étais professeur dans cet établissement et je ne donnais pas de notes. J'ai encore en mémoire comment le directeur est venu vers moi et le dialogue que nous eûmes :

– Monsieur Rosenberg, vous n'avez toujours pas rendu les notations de vos élèves... or, le délai est passé de trois jours.
– Et moi, j'ai décidé de ne pas donner de notes...
... Mais vous devez donner des notes, Monsieur Rosenberg !
– Et moi, j'ai décidé de *ne pas* donner de notes !
– Mais vous n'avez pas le choix ; vous *devez* donner des notes !

Il devait y avoir des parasites sur la ligne entre nous, ce jour-là.

Et je n'ai finalement pas donné de notes, en expliquant très précisément au directeur la raison de mon attitude. Je lui ai fait part de mon observation à propos des notes, à savoir qu'elles bloquaient l'envie d'apprendre des élèves, leurs ressorts intérieurs. Et je lui ai dit ma volonté de faire prendre conscience aux élèves de la valeur de ce qu'ils avaient la possibilité d'apprendre, et non de la nécessité d'apprendre pour obtenir des notes. J'ai rajouté à mon argumentaire une donnée statistique : dans cette école, où les élèves blancs et noirs étaient en proportion égale, le taux d'échec scolaire chez les élèves noirs était de 80 %. J'ai dit au directeur que je ne voulais pas participer à un système qui discriminait les personnes en fonction de la couleur de leur peau.

Mais je n'en suis pas resté là : je me suis mis en lien avec les besoins du directeur, lui disant que je comprenais la nécessité, pour lui, d'évaluer d'une manière ou d'une autre l'effet de mes cours sur les élèves. Voici ce que je lui ai dit :

> « Afin de vous permettre d'évaluer si j'ai bien fait mon travail, je vais vous fournir de la documentation sur chacun de mes élèves à la fin de chaque semestre. Vous y verrez ce que l'élève savait déjà au début du semestre, et ce qu'il sait à la fin. Cette documentation est infiniment plus pertinente qu'une note pour évaluer les acquis de l'élève : elle vous permet réellement de mesurer l'augmentation de son bagage de connaissances. Libre à vous, sur cette base, de poser vous-même des notes, même si je reste persuadé qu'une note en face d'un nom n'a aucun sens : que savez-vous de plus des acquis d'un élève si deux professeurs lui mettent la même note ? Rien ! Je vous propose donc une documentation approfondie sur les élèves, mais je ne leur donnerai pas de notes. »

Et alors ? Avez-vous réussi à lui faire adopter votre système ?

Ils ont trouvé une autre raison pour me licencier !

Ils avaient quelque chose à redire par rapport à mes relations. En effet, je faisais venir en classe des « Zoulous » – c'est ainsi que se nommaient eux-mêmes les membres d'un gang de rue composé de noirs. Ils apportaient de précieuses informations à mes étudiants, qui étaient en train de se former pour devenir instituteurs, dans la perspective, pour beaucoup d'entre eux, d'enseigner dans les quartiers pauvres de la ville. Et mes « Zoulous » pouvaient les renseigner sur ce que cela signifie pour un jeune de grandir dans un quartier pauvre, et sur ce que ça lui fait d'être renvoyé de l'école. Mes étudiants trouvaient ces rencontres très riches et très instructives. Mais le directeur et son cercle de conseillers trouvaient cela totalement déplacé sur le plan professionnel !

Vous concevez les humains comme des êtres curieux de nature, affamés d'apprendre. Mais je m'imagine que, même dans des écoles girafes, on a besoin de règles et de conventions. On ne peut pas enseigner sans un certain cadre. Comment la CNV s'y prend-elle pour fixer des règles et pour veiller à ce qu'elles soient respectées ?

Dans les écoles girafes, les règles et conventions sont choisies d'un commun accord entre les enseignants et les enseignés. Elles sont basées sur l'*usage protecteur de la force,* et non pas sur l'usage punitif de la force. En d'autres termes, les règles sont faites pour soutenir toutes les personnes concernées dans la défense de leurs intérêts et dans la réalisation de leurs besoins. Si une personne agit d'une manière qui n'est pas en harmonie avec les besoins des autres membres de la collectivité, les personnes concernées se réunissent pour décider *ensemble* de ce qu'il convient de faire pour que les besoins de tous soient pris en compte.

Dans une école girafe, les élèves sont donc tout à fait libres de décider s'ils veulent venir en classe ou non ?

Chaque élève, dans n'importe quelle école, dispose de cette liberté. La différence, c'est que, dans une école girafe, j'espère que l'enseignant ou l'enseignante cherchera à identifier le besoin qui se cache derrière le geste de ne pas venir en classe.

Vous avez prétendu tout à l'heure que, dans les écoles girafes, les élèves pouvaient choisir, dans la palette des offres de l'enseignant, ce qui les intéresse et leur semble utile, et laisser de côté ce qui ne les intéresse pas. Je me demande si les élèves ont vraiment tous les moyens de savoir ce dont ils auront besoin dans la vie, de distinguer ce qui a de la valeur de ce qui n'en a pas. Par exemple, si j'étais enseignante, je pourrais demander à mes élèves : « Voulez-vous lire Shakespeare ou préférez-vous regarder des bandes dessinées ? » Il y a fort à parier qu'ils me répondent : « Des bandes dessinées, parce que c'est plus amusant ! » Que faire en pareil cas ?

Si vous étiez enseignante dans une école girafe, et que vous soyez intimement persuadée que la lecture de Shakespeare leur apporterait plus de richesses dans la vie que des bulles de bandes dessinées, vous seriez sûrement capable d'expliquer vos raisons de manière convaincante. Et je ne vois pas pourquoi des enfants ne seraient pas capables de comprendre le gain qu'ils pourraient tirer de la lecture de Shakespeare.

Le meilleur enseignant que j'aie jamais eu pendant toute ma scolarité était mon professeur d'anglais au gymnase ; justement, il enseignait Shakespeare. Moi, je n'avais choisi ce cours que parce que j'avais besoin de ce papier ; c'était par pure obligation que je me rendais en classe. De Shakespeare, je n'en avais rien, mais rien du tout à « cirer » !

En deux heures de cours, cet homme m'a retourné comme une crêpe : je suis devenu curieux, j'ai tout à coup voulu lire ces pièces, absolument. Comment s'y est-il pris ? C'était un grand amateur de Shakespeare... et il se réjouissait totalement de nous partager sa fascination et son enthousiasme. Il a pu nous expliquer très simplement quels besoins étaient remplis chez lui, lorsqu'il lisait les pièces de Shakespeare. Et c'est ainsi que je suis devenu un fan de Shakespeare !

Dans les écoles girafes, le principal enjeu pour les enseignants est de communiquer aux élèves le but de leur enseignement et de leur expliquer le sens et la richesse de ce qu'ils acquièrent par rapport à leur avenir.

Je reste encore perplexe sur le fait que la CNV peut se passer des notions de « juste » et de « faux » pour transmettre certaines matières. Passe encore dans certaines branches, mais prenons les mathématiques : le résultat d'un calcul est soit juste, soit faux, non ?

Un jour, j'ai travaillé comme animateur CNV dans une école primaire. Effectivement, les enseignants de cette école ne pouvaient pas imaginer se passer des notions de « juste » et de « faux ». Et précisément, j'ai repris le cours de mathématiques. Les élèves en étaient au chapitre des additions. En passant à côté d'un élève de sept ans qui avait noté sur sa feuille : 9 + 6 = 14, je lui ai dit :

> « Comment arrives-tu à ce résultat ? Quand je fais la même addition, j'arrive à un autre chiffre. Peux-tu me montrer comment tu es arrivé à ton résultat ? »

Il aurait très bien pu arriver que cet élève découvre un nouveau système mathématique qui fonctionne mieux que celui que je connaissais. L'élève se mit à pleurer ; je l'ai appelé doucement :

– Eh ! Max, que se passe-t-il ?
– J'ai fait faux...

Vous comprenez, n'est-ce pas ? Bien que je n'eusse posé aucune évaluation sur lui dans ma langue, lui, dans sa pensée, avait déjà traduit mes paroles en catégories « juste » et « faux ». Max avait à peine sept ans... et l'école lui faisait déjà peur.

Les enseignants ont tiré un grand parti d'observer ce genre de scène de l'extérieur. Ils ont vraiment cherché une alternative au système dual composé des termes « juste » et « faux », ou « bon » et « mauvais ». Pour rien au monde je n'aurais voulu imposer aux élèves la notion d'un « maître » qui sait ce qui est juste et ce qui est faux. Quelle que soit la branche concernée, je leur dirais plutôt :

« Voyez-vous : c'est ainsi que je procède en pareil cas... et je vais vous expliquer pourquoi. Il existe certains standards sur lesquels les êtres humains se sont mis d'accord. C'est assez pratique de connaître ces normes et de s'y tenir, car la grande majorité des êtres humains les ont adoptées. »

Tiens, à propos de standards, dispose-t-on de données qui permettraient de comparer le niveau des élèves dans les écoles girafes avec celui des élèves dans des écoles traditionnelles ?

C'est en Israël que se trouvent la plupart des écoles girafes ; il y en a une septantaine, ainsi que mille jardins d'enfants où les petits grandissent au contact des principes de la CNV. Dans ce pays, des chercheurs ont fait des études comparatives entre les écoles ordinaires et les écoles girafes ; ils ont même été primés pour leurs travaux. Ils ont démontré que le taux de violences était de moitié moins élevé dans les écoles girafes, et que le niveau académique y était plus élevé que dans les écoles ordinaires.

Avec quelle argumentation vous adresseriez-vous à des parents dont les enfants vont à l'école ordinaire, pour les convaincre de les envoyer, s'ils en ont la possibilité, dans une école girafe auprès d'enseignants pratiquant la CNV ?

Mon fils aîné a suivi une scolarité girafe pendant six ans ; puis il est passé dans une école publique tout à fait normale, afin de pouvoir accéder à des études supérieures. Je me souviens encore du dialogue que nous avons eu le soir de son premier jour dans cette école publique :

– Eh ! Rick, à quoi elle ressemble cette nouvelle école ?
– Ouais ! Ça va... mais il y a quelques professeurs... une vraie cata...
– Ah bon ! Que s'est-il passé ?
– Je n'avais pas encore mis un pied dans la classe qu'un prof a couru vers moi et m'a toisé de haut : « Regardez-moi ce minet, non mais... on dirait une fille ! »
– Et pourquoi a-t-il dit cela ?
– Ça doit être à cause de mes cheveux...

En effet, à cette époque, mon fils portait des cheveux longs qui lui tombaient sur les épaules. Et alors, voilà ce qui se passe : bienvenue dans le monde chacal. Les autorités du monde chacal savent toujours très exactement à quoi chaque chose et chaque humain doit ressembler. Tout ce qui déborde doit être rogné ! Et que fait-on avec un jeune qui ne correspond pas à la norme ? On l'amène à abdiquer de lui-même... rien de moins que cela !

Rick et moi avons poursuivi notre dialogue ; je lui ai demandé :

– Et comment as-tu réagi ?
– Je me suis souvenu de ce que tu m'avais dit : « Fais gaffe lorsque tu te retrouves dans une institution chacal ! Si tu te livres à leur pouvoir, tu n'as que deux possibilités de réagir :

soit tu te plies aux règles établies, soit tu te révoltes contre elles. Et si tu te révoltes, c'est une manière de reconnaître leur pouvoir ! »

– Fils, cela me fait plaisir que tu te sois souvenu de mes paroles à ce moment-là. Et comment cela s'est-il passé ?

– Eh bien, papa ! j'ai mis mes oreilles-girafes... et j'ai essayé de comprendre ce qui se passait pour lui...

– Ah bon ! Et tu t'es aussi souvenu de cela ? Et alors ? Qu'as-tu pu entendre ?

– Oh ! ce n'était pas trop difficile, ça se voyait comme le nez au milieu de la figure : il était énervé et voulait que je me coupe les cheveux...

– ... eh ben ! magnifique ! Et comment t'es-tu senti, toi ?

– J'ai pu avoir de l'empathie pour lui. Ce prof a le crâne lisse comme un œuf et doit avoir quelques problèmes avec ceux qui ont une belle tignasse.

Voyez-vous : le fait que mon fils ait su comment se sortir de cette situation en mettant des oreilles-girafes lui a permis de ne pas se rapetisser comme son professeur cherchait à le faire. Il n'est pas non plus tombé dans le piège de se moquer de lui, ou de se demander ce qui clochait en lui. Il a, au contraire, essayé de voir ce qui se passait dans le cœur de son professeur.

Voilà ce que nous pouvons apporter à nos enfants, indépendamment du fait d'aller, ou non, dans une école girafe : développer leur capacité à conserver leur intégrité personnelle, quelles que soient les structures dans lesquelles ils vont devoir évoluer par la suite.

11

Changer le monde... pas demain, aujourd'hui !

« Ayons le courage de manifester autour de nous cet amour de la vie qui nous porte ! »

En nous proposant la Communication NonViolente (CNV), vous aimeriez nous offrir une méthode simple nous permettant de nous relier à une énergie universelle très puissante – que vous appelez « énergie divine ». Si nous réussissions tous à nous « brancher » à cette énergie divine, nous disposerions d'une source de force incroyable, immédiatement disponible, qui nous permettrait de faire bouger les choses. Exploiter ce potentiel, n'est-ce pas non plus assumer une énorme responsabilité ?

Oui. La responsabilité est une composante essentielle de ma démarche. C'est très difficile de faire comprendre cet aspect des choses. Si nous avons conscience que nous sommes toutes et tous des étincelles de la même énergie, et donc que nous formons un tout, alors aucun de nos besoins ne peut jamais être pleinement satisfait s'il ne l'est pas aussi chez tous les autres êtres humains.

J'ai beaucoup de mal à faire passer ce message-là. Quand je parle de la satisfaction d'un de mes besoins, je ne fais référence qu'à ma seule petite personne. Ce n'est qu'un aspect des choses. Par exemple, lorsque j'ai bien mangé et que je me déclare repu, je veux dire, au sens strict, que le corps de Marshall Rosenberg est satisfait. En revanche, si j'élargis mon champ de vision et que je considère tous les habitants de cette planète, mon besoin de nourriture n'a encore jamais, de toute ma vie, été comblé... même de très loin. Je sens cela dans mes tripes, très nettement.

Cela ne veut pas dire que je doive avoir mauvaise conscience chaque fois que je sors d'un bon repas. Ce serait bien triste, si je ne pouvais pas me réjouir des bonnes choses que la vie m'apporte. Par contre, en prenant mon petit-déjeuner ce matin, je suis resté vigilant : seule une minuscule partie de mon besoin planétaire de nourriture a été satisfait.

Vous êtes donc à la fois heureux et triste chaque fois que vous mangez ?

Parfaitement ! J'aimerais ne jamais oublier d'être triste en ces circonstances. Je souhaite conserver côte à côte ces deux sentiments aussi vifs l'un que l'autre. Je me souviens d'une expérience très précieuse que j'ai faite à Montreux, ici, en Suisse. J'y ai une amie très chère que je connais depuis longtemps puisque c'est elle qui m'a ouvert les portes de la Suisse. Elle voulait me faire rencontrer un de ses amis, propriétaire d'hôtel à Davos, cuisinier à succès avant son départ à la retraite. Pendant le voyage vers Montreux, j'achetai dans une gare une revue en français pour me rafraîchir la mémoire de cette langue. Sur la page de couverture était publiée la photo en gros plan d'un enfant africain, maigre avec son gros ventre gonflé. L'article correspondant relatait la famine qui régnait dans ce pays d'Afrique, et les milliers d'enfants qui mouraient. Tout au long du voyage, j'ai lu cet article avec force détails, tous plus terrifiants les uns que les autres.

Au bout du voyage, je fus reçu par un homme extrêmement bon et jovial, qui m'a traité comme un prince, m'offrant la meilleure place à table, avec une vue extraordinaire sur le lac Léman. Me voici donc dans un appartement de luxe, en train de siroter un apéritif face au bleu Léman, avec, au-dedans de moi, l'image de cet enfant africain malade de faim. Et je me disais en mon for intérieur :

> « Marshall, comment peux-tu vivre sur la même planète que cet enfant, et savoir que des millions d'autres comme lui meurent de faim ? Comment oses-tu prendre part à un repas aussi extravagant ? Il y a vraiment quelque chose qui cloche là-dedans ! »

Pendant que j'étais perdu dans mes pensées, j'observais aussi mon hôte. Une énergie magnifique rayonnait de sa personne ; il était si heureux de pouvoir partager avec moi tout ce luxe. À un moment donné, il m'est arrivé quelque chose d'extraordinaire : c'est comme si cet enfant africain s'était assis sur mes genoux, et qu'il m'adressait la parole en ces termes :

> « Marshall ! Profite de ce qui t'arrive ! Si tu ne le fais pas, je n'en aurai rien de plus. Réjouis-toi donc, et c'est ainsi que tu m'aideras. »

Voici ce que j'ai compris à cet instant :

> « Prends soin de toi et jouis de la beauté du monde. Et utilise l'énergie que tu y gagnes pour apporter de la nourriture dans les endroits de ce monde où il en manque. Mais prends garde à toi ! Ne travestis pas ces pensées ni ne t'en sers pour justifier

une petite vie bien tranquille. Mets au service de la vie l'énergie que tu acquiers en jouissant des belles choses du monde. »

Je me souviens de cela chaque jour… même si je sais que je ne serai jamais tenté par des conditions de vie luxueuses.

À votre place, je ne me ferais pas trop de souci non plus. Votre petite maison est bien jolie, mais…

Vous trouvez qu'elle n'est pas luxueuse, c'est cela ? C'est quand même dur d'impressionner les femmes…

Si l'on y regarde à deux fois, la CNV fait de la politique. Lorsque nous travaillons à notre accomplissement, nous créons par là même des conditions favorables à l'avènement d'un monde plus juste.
Dans ce contexte, j'entends souvent poser la question suivante : est-ce que ce ne serait pas plus sensé d'agir en premier lieu sur son proche environnement, sa famille, son lieu de travail, sa ville ? Est-ce que ce ne serait pas plus judicieux, au lieu de vouloir changer le monde entier, de penser et de vivre en cohérence avec les principes de la non-violence, et d'agir sur le plan local ?

Pour répondre à cette question, je vais me servir d'une métaphore. Imaginez que vous arriviez au bord d'une rivière, et que vous observiez un bébé en train de se débattre dans le courant, manifestement en train de se noyer. Ni une, ni deux, vous plongez dans l'eau glacée et vous allez tirer cet enfant d'affaire. À peine l'avez-vous sorti de l'eau et mis en sécurité, que vous apercevez deux autres bébés en train de se débattre dans le courant. Ni une, ni deux, vous plongez à nouveau et retirez ces deux malheureux de l'eau. En vous retournant, vous en voyez tout à coup trois, quatre, cinq autres qui arrivent dans le courant. Vous avez de la chance car voilà justement un passant à qui vous pouvez demander de l'aide pour aller sauver encore ces bébés-là… mais dites-moi : à partir de quand allez-vous cesser de repêcher les bébés et allez-vous remonter le long de la rive pour chercher à savoir qui jette ainsi des bébés dans la rivière ? Vous comprenez mieux ce que je veux dire, maintenant ?

Dans le monde dans lequel nous vivons, certains jettent ainsi les bébés, jour après jour. Nous pourrions passer toute notre vie au bord du fleuve, à repêcher quelques bébés…

C'est ainsi que nos structures économiques laissent mourir de faim 30 000 personnes de par le monde, chaque jour. Et maintenant, que faire ? Faut-il se rendre dans les pays pauvres, et organiser des distributions de nourriture ? Vaut-il mieux offrir son argent ? Quand on voit un bébé en train de se noyer, c'est extraordinairement difficile de ne pas plonger pour essayer de le tirer d'affaire. Mais si nous restons assis sur la rive, il ne se passera rien de nouveau. Je me pose donc la question suivante : ne devrions-nous pas utiliser l'énergie forcément limitée dont nous disposons, chacun et chacune d'entre nous, pour agir sur ce monde d'une manière plus efficace ?

D'un certain côté, je comprends que notre tâche est de libérer de la violence nos pensées, nos paroles et nos gestes quotidiens, et d'inciter ceux qui nous entourent à en faire de même. D'un autre côté, il est aussi de notre devoir de changer les structures de pouvoir qui gouvernent notre société. Ce sont elles qui nous ont conditionnés, et ce sont elles encore qui perpétuent, encore et encore, la détresse contre laquelle nous luttons.

Quand j'affirme les choses de cette manière, je m'attire souvent des réflexions du type :

« Moi, pour changer les structures, je préfère agir sur moi en premier. Je suis persuadé que si je me développe intérieurement, et qu'un nombre suffisant d'entre nous fait de même, nous finirons par atteindre ce but. C'est grâce à la somme de nos énergies positives individuelles que les structures se modifieront d'elles-mêmes. »

Ce genre de discours est tenu par des gens qui ont consacré les dix dernières années assis en lotus dans un ashram en Inde, et qui sont convaincus qu'ils ont changé le monde en pratiquant de la sorte. Ken Wilber[22] estime illusoire une telle attitude ; et je suis d'accord avec lui ! Lorsque je partage avec de telles personnes mes doutes quant à l'efficacité de leur pratique, il m'arrive souvent d'être violemment pris à partie. Cela les met passablement en colère – malgré leurs nombreuses années de méditation assidue. Elles me reprochent d'être antispirituel... naturellement, tout dépend de notre définition de la spiritualité !

À mon sens, cette tendance à se concentrer sur l'expérience et le développement personnel de chacun et chacune doit être comprise comme une contre-réaction à la génération soixante-huitarde. À cette époque-là, le politique envahissait tout, y compris la sphère privée des gens. Mais cette croyance a été pervertie par le fait que l'on travestissait souvent son discours par une attitude personnelle assez malhonnête sur le plan de son propre développement et sur le plan spirituel. Il en est résulté une réaction collective de rage envers toutes les injustices répandues sur la Terre, une rage hautement émotionnelle et très moralisatrice. On avait des têtes de Turcs sur qui déverser ses accusations : les chiens de capitalistes et les diables de nazis, par exemple.

Oui, je suis d'accord avec vous ! Et j'ai moi-même commencé mon action avec cette énergie-là. Et je n'ai pas vu dans quel piège j'étais. À cette époque-là, le fait d'apporter la CNV sur le devant de la scène représentait pour moi une façon de changer ce maudit système. J'étais totalement habité par la colère… et derrière la colère se trouvait, tapie, la peur. Mais lorsque nous ne voulons pas montrer cette peur, notre action est nécessairement empreinte d'agressivité.

Pour agir sur le plan politique, vous tenez pour illusoires tant l'activisme agressif que le retour pacifique sur soi. Alors, que proposez-vous ? Comment pouvons-nous modifier nos structures sociales avec quelque chance de succès ?

Ce qui m'intéresse, c'est de faire la synthèse entre le politique et le spirituel. En d'autres termes, et pour paraphraser Ken Wilber, nous devons agir en nous appuyant sur une spiritualité de l'action, une spiritualité transformatrice. Wilber distingue la spiritualité « transformatrice » de la spiritualité « translatrice ». Il définit cette dernière comme une spiritualité destinée à se créer un doux cocon dans la vie. Ses adeptes prient ou méditent, et apprennent à supporter la souffrance, à donner de la valeur au fait d'être vivant et à prendre la vie comme elle vient. Il n'en résulte pas une source de force pour transformer le monde. Pendant des siècles, l'Église s'est donné pour mission d'instiller cette spiritualité illusoire au bon peuple, pour éviter qu'il ne se révolte contre ses seigneurs et ne bouscule l'ordre établi.

La spiritualité transformatrice amène autre chose. Elle nous invite à travailler d'abord sur nous-mêmes, afin que notre action politique ne soit pas empreinte de la même violence qui est à l'œuvre dans les structures que nous voulons changer. Nous avons besoin d'une autre énergie, d'une autre conscience de ce qui se passe, pour pouvoir agir dans une nouvelle direction. Si nous nous obstinons à taxer les managers de nos organismes actuels de méchants assassins de bébés – pour reprendre l'image de tout à l'heure – et à les considérer comme nos ennemis, nous risquons fort d'aggraver encore plus la situation. La spiritualité transformatrice nous permet d'accéder à une tout autre source d'énergie, une énergie d'amour de la vie. Une fois que nous l'avons ressentie nous-mêmes, nous sommes alors capables de la faire rayonner autour de nous.

Mais j'aimerais encore vous parler d'un autre aspect à intégrer lorsque nous voulons agir sur les plans politique et social dans la perspective d'un changement radical. Lorsque nous voyons ces milliers de bébés jetés à l'eau chaque jour, la destruction de notre environnement ou les conditions épouvantables dans lesquelles vit la majorité de la population de la planète, nous sommes souvent confrontés à des doutes terribles. Nous risquons de tomber dans le désespoir lorsque nous prenons la mesure de l'énorme montagne de travail qui nous attend. Et c'est là qu'intervient la spiritualité transformatrice, pour nous aider à faire un travail de deuil et de « réencouragement ». Ce concept a été développé par Joanna Macy[23] ; je ne peux que vous recommander la lecture de son ouvrage, qui pose des principes de base pour la promotion de la paix et pour le changement social.

Si nous ne réussissons pas à gérer notre désespoir de manière constructive, nous risquons fort d'être paralysés de découragement. C'est la raison pour laquelle, si nous voulons nous engager sur un chemin de transformation sur les plans social et politique, nous ne devrions pas agir seuls, mais être intégrés dans une communauté. C'est précisément là que la CNV peut jouer un rôle-clé : les membres d'une communauté peuvent s'apporter mutuellement du soutien en s'écoutant les uns les autres avec empathie. En permettant à la rage, au désespoir et au découragement de s'exprimer dans un cadre sécurisé, les membres de cette communauté seront capables de transformer le désespoir en énergie ; c'est cela, la spiritualité transformatrice.

Pour moi, dire qu'on va changer les structures reste très abstrait. Que puis-je faire concrètement ?

Eh bien ! allez proposer une danse girafe aux responsables de ce système qui engendre la violence.

Qu'est-ce qu'une danse girafe ? Appelez-vous « danse » ce mouvement de va-et-vient qui nous permet d'écouter notre interlocuteur avec empathie, de le suivre sur son chemin, puis de renverser les rôles et d'avoir la place d'exprimer à notre tour nos sentiments et nos besoins ? Si je comprends bien, ce serait quelque chose de cyclique, tout le contraire d'un mouvement unidirectionnel ?

C'est cela ! Et allez danser avec celles et ceux qui ont de l'influence sur les responsables du fonctionnement du système que vous voulez changer.

Si votre conception de l'action politique et sociale consiste à combattre ces salauds qui nous gouvernent, il vous faut des bombes et des mitraillettes.

Si, au contraire, vous pensez que le fait de changer le monde passe par la transformation d'une pensée et d'une action risquant de détruire la vie en une pensée et une action orientées vers la protection de la vie, alors dansez ! C'est un bon moyen d'arriver à vos fins !

De ce point de vue-là, il serait bon que nous vivions dans une monarchie ; nous n'aurions qu'un seul partenaire avec qui danser : le roi ! Si nous réussissons à le convaincre, nous pouvons provoquer de grands changements dans la société.

Malheureusement, la vie politique de notre société occidentale est extrêmement complexe, et il nous faut aller danser avec un beaucoup plus grand nombre de partenaires que dans une monarchie.

À quoi ressemble une danse girafe avec un responsable haut placé du système à transformer ?

Quel organisme voulez-vous changer ? Lequel vous inspire-t-il le plus ?

Toutes les institutions qui s'occupent de formation ou d'éducation : jardins d'enfants, écoles primaires ou secondaires, Universités.

Et que pensez-vous des organismes qui fixent les normes pédagogiques pour les écoles ? Voulez-vous réellement travailler avec les établissements scolaires, ou plutôt directement avec le gouvernement qui fixe les règles, ou encore avec les grandes entreprises qui dictent aux responsables politiques la manière de penser le monde ?

Bien, imaginons que nous sommes des apprentis girafes et commençons par nous adresser au système scolaire. Comment appelle-t-on, en Allemagne, l'institution qui détermine la politique scolaire ?

La Conférence des ministres de la culture.

Je vous propose un objectif : nous voulons transformer au moins 100 établissements scolaires à travers toute l'Allemagne en écoles girafes, et ce en l'espace d'une année. Quels sont les hommes ou les femmes avec qui nous devrons aller danser pour atteindre cet objectif ?

En premier lieu, la CNV va nous être utile juste pour atteindre ces personnes. La plus grande difficulté, souvent, est d'obtenir un premier rendez-vous avec les personnalités influentes.

Voici un exemple que j'ai vécu : lorsque je me suis engagé à créer un centre alternatif de formation, aux États-Unis, j'avais identifié qu'un groupe de sept personnes prenait toutes les décisions au niveau des autorités scolaires. Il nous fallait réussir à convaincre au moins quatre d'entre elles pour assurer la survie de notre projet. Cela a été tout sauf simple : impossible d'obtenir un rendez-vous, pas de réponse au téléphone… Il a donc fallu que je trouve, dans l'administration scolaire, les personnes qui, elles, avaient un accès direct à ces sept hauts responsables. Une fois que j'eus identifié ces personnes, j'ai dû danser avec elles pour leur demander de me mettre en contact avec leurs supérieurs. En fin de compte, une collaboratrice s'est déclarée prête à nous soutenir. Elle vint donc à nos soirées d'entraînement à la CNV pour apprendre comment communiquer avec ces sept hauts responsables, et obtenir d'eux un rendez-vous pour moi.

Si je comprends bien, vous mettez en œuvre la même stratégie que pour entrer en contact avec un gang de rue ? Si ce cercle vous paraît trop fermé, vous cherchez une personne charnière, un peu plus ouverte, qui vous donne le sésame pour entrer dans ce groupe.
Mais dans votre cas, pourquoi était-ce si difficile d'entrer en contact avec les autorités scolaires ?

Ces personnes avaient une très mauvaise opinion de moi. Déjà simplement en raison de mon nom. Un de ces messieurs était aussi l'éditeur d'un journal local. Chaque fois que je revenais dans cette ville pour travailler dans l'une des écoles, le journal titrait :

« LE JUIF EST DE RETOUR DANS NOS MURS
POUR TENTER DE LAVER LE CERVEAU
DE NOS ENSEIGNANTS ET DE NOS ÉLÈVES. »

Vous pouvez bien imaginer qu'il n'était pas très pressé de me recevoir ! Il a fallu dix mois d'un travail harassant, durant lesquels notre interlocutrice a passé son temps à donner de l'empathie à cet homme et à ses six autres collègues. Elle a fini par pouvoir organiser une rencontre entre ces sept personnes et moi-même... assortie de toutes sortes de conditions, il est vrai : la rencontre ne devait pas durer plus de trois heures, et elle devait rester confidentielle. En effet, l'équipe dirigeante de la ville avait gagné les dernières élections, en partie grâce à une virulente campagne contre notre projet d'école alternative.

Le jour de la rencontre approchait. La veille au soir, j'ai demandé à l'équipe avec laquelle j'avais mis ce projet au point de m'offrir du soutien empathique. En effet, j'avais la tête remplie d'images violentes qui me faisaient considérer certains de mes interlocuteurs du lendemain comme mes pires ennemis. J'avais besoin d'être « regonflé » ! Ce ne fut pas trop difficile de me libérer de ma rage et de ma colère rentrée ; en revanche, s'approcher du profond désespoir qui se cachait derrière la colère, ne fut pas une mince affaire... J'anticipais déjà le non-sens que ce serait de rencontrer ces personnes et de leur parler, et j'avais peur de démolir en quelques instants tout notre travail.

Mes amis ont pu me donner toute l'empathie dont j'avais besoin pour ces sentiments, ce qui m'a permis, le lendemain, de ne plus considérer mes interlocuteurs comme des ennemis, mais comme des partenaires et des êtres humains comme les autres. Le problème suivant était le peu de temps mis à ma disposition. Là aussi, la CNV peut apporter sa précieuse contribution en nous aidant à utiliser le temps du dialogue de manière efficace. Dans ce cas-là, j'ai utilisé ce que j'appelle « l'effet Chapalle ».

Al Chapalle était le chef des « Zoulous 1200 », un gang de rue noir. Nous avons collaboré pendant de nombreuses années, lui et moi, dans des projets de lutte contre le racisme. Nous avons aussi monté ensemble, avec son gang, un projet social destiné à récupérer les élèves qui se faisaient renvoyer de l'école en raison d'actes de violence. Nous voulions ainsi prouver que ces élèves veulent bien se mettre à apprendre, à condition de suivre une pédagogie différente. Nous avions besoin de 50 000 dollars pour monter ce projet, et nous nous sommes adressés à une fondation spécialisée dans le soutien de projets scolaires. Nous avions obtenu un rendez-vous pour une entrevue de vingt minutes avec le responsable de cette fondation. Le jour où nous nous y rendîmes, Chapalle me dit dans la voiture :

> « Laisse-moi faire, d'accord ? Ne commence pas à causer avec ton jargon de blanc, à les caresser dans le sens du poil et à leur raconter toutes tes conneries sur le sens de l'école et le but de l'éducation. Tais-toi ! Je m'en occupe ! »

Nous sommes donc arrivés à notre séance avec ce président de fondation – que je connaissais par ailleurs pour l'avoir sollicité déjà sur d'autres projets. Et voilà que je commence les présentations… lorsque je vois Chapalle marcher droit sur le président et lui serrer vigoureusement la main avec ces mots :

– Salut, mon frère ! Où est l'argent ?

J'aurais pu l'étrangler sur place… j'étais mort de honte ! Jusqu'à présent, ma stratégie avait toujours été d'expliquer à mes interlocuteurs les contours de notre projet. Le président était tout aussi surpris que moi et lui répondit, un peu choqué :

– Quoi ?... Que voulez-vous ?... Quel argent ?...
– Eh bien, l'argent pour créer l'École du plaisir (c'est ainsi que nous avions appelé, entre nous, ce projet)
– École du plaisir ? C'est quoi pour une école... ?

Avez-vous remarqué ce qui s'est passé ? Au lieu de commencer par débiter des informations que nous croyions utiles à notre interlocuteur, Chapalle avait réussi le tour de force de renverser la situation et de faire en sorte que le président lui-même demande ce dont il avait besoin pour prendre sa décision... et nous sommes sortis de son bureau quelques instants plus tard avec la promesse formelle de recevoir les 50 000 dollars demandés. Depuis ce jour-là, j'ai toujours réutilisé ce même principe, et avec succès !

Il est donc capital, dans ces entrevues décisives, d'utiliser le temps de manière efficace. Le succès de la rencontre est inversement proportionnel au nombre de mots que nous utilisons dans notre argumentation. Il faut se représenter très concrètement la demande que nous voulons faire à notre interlocuteur. Nous remarquons rapidement que les flots de paroles que nous avions l'habitude d'utiliser pour défendre une thèse se révèlent contre-productives dans la négociation.

Et comment s'est déroulée la rencontre avec les sept membres des autorités scolaires ?

J'ai commencé la séance en me servant de l'« effet Chapalle », et je leur ai demandé :
– De quelles informations avez-vous besoin pour pouvoir soutenir notre projet et permettre qu'il se poursuive ?

– Si vous voulez vraiment soutenir notre commune, déguerpissez le plus vite possible ! On ne veut plus vous voir !

Par chance, j'avais bénéficié de trois heures d'empathie reconstituante la veille au soir ; cela ne m'a pas empêché d'avoir des envies de meurtre pendant environ vingt secondes. Mais j'ai réussi à prendre une profonde respiration et à rester en relation avec eux. Nous eûmes une seconde entrevue, au cours de laquelle, ils ont voté à la majorité de soutenir la suite de l'expérience. Et c'est ainsi qu'est née la première école girafe au monde.

Mon expérience me montre qu'il est effectivement possible de gagner à notre cause des personnes influentes, mais que les projets finissent tout de même par capoter par manque de ressources financières.

À mes yeux, il est illusoire de vouloir apporter des changements d'ordre politique et social dans des structures existantes, et de demander à ces mêmes structures de financer ces révolutions. Bien sûr, s'il y a de l'argent dans des programmes publics de promotion, je ne vais pas cracher dessus : cela simplifie bien des choses. Mais je n'aimerais en aucun cas en être dépendant.

Quel que soit le pays dans lequel je m'investis, je cherche d'abord des personnes indépendantes de la bureaucratie officielle ; ensuite, je cherche à les mettre en réseau. J'ai ainsi pu faire naître des réseaux qui se débrouillent très bien de manière autonome. Alors seulement, nous nous réunissons pour élaborer des stratégies de changement social et politique, sans devoir nous appuyer sur des ressources financières publiques.

Et comment vous y prenez-vous pour trouver ces personnes ressources ?

Ce sont toujours elles qui m'ont trouvé en premier, du moins jusqu'en 1989. Jusqu'à cette époque-là, j'avais ouvert des chantiers dans dix-huit pays différents. Cela se passait toujours de la même façon : une personne avait entendu parler de moi et m'invitait à une première rencontre.

Un jour que je me trouvais en Suède dans une grande entreprise et que j'animais une formation à la CNV pour les collaborateurs, je fus rejoins dans les corridors à la fin du séminaire par un homme qui se révéla être le P.D.G. en personne. Il s'adressa à moi en ces termes :

– Pourquoi n'offririez-vous pas ce type de formation à des Israéliens et à des Palestiniens ? Ils pourraient vraiment en avoir besoin !
– Cela me plairait de travailler dans ce contexte, mais personne, dans ces pays, ne m'a encore invité...
– Mais pourquoi diable voulez-vous toujours vous faire inviter ?

Je n'ai pas su quoi répondre ; c'était ainsi ! Jusque-là, j'avais toujours été invité, et c'était devenu confortable. Cela m'a préoccupé et je me suis mis à réfléchir sur la manière de prendre pied dans une nouvelle région sans contacts préalables. J'en suis venu à demander partout autour de moi si quelqu'un avait, par hasard, des relations en Israël ou en Palestine.

Cela s'est produit, un jour que j'animais un atelier à Bâle. Une femme s'est tout de suite approchée de moi :

– Je viens de recevoir chez moi un couple d'Israéliens. Lui est professeur de gestion des conflits à l'Université de Tel-Aviv. Je suis sûre qu'ils seraient intéressés à vos travaux...
– Seriez-vous disposée à les appeler, et à leur dire pourquoi vous trouvez la CNV adéquate dans ce genre de situation.

Et vous pourriez aussi leur dire que je serais disposé à me rendre en Israël.

Et c'est ainsi que je suis arrivé en Israël. Le couple avait si bien fait marcher son réseau de relations que toutes les personnes dont j'avais besoin pour lancer une initiative étaient là, rassemblées.

Une semaine plus tard, j'animais une formation à Zermatt, et je posai la même question par rapport à des milieux palestiniens. Un officier suédois était justement là, qui avait travaillé pendant dix ans comme membre d'une mission de maintien de la paix au Proche-Orient. À cette époque-là, il ne connaissait pas encore la langue girafe et s'était usé jusqu'au découragement à cette tâche. Il avait fini par demander son rapatriement en Suède. Il était enthousiaste à l'idée d'introduire la CNV dans cette région. Il s'est engagé à fond pour m'aider, allant jusqu'à payer de sa poche les vols vers les Territoires occupés. Il m'a trouvé exactement l'interlocuteur qu'il me fallait.

Voilà ! C'est ainsi que ça fonctionne ! Je demande, et demande encore, autour de moi, et je finis par tomber sur des personnes qui en connaissent d'autres… puis, je les réunis et j'organise ce que j'appelle une « pêche à la girafe ». Vous aussi, vous pouvez aller dans un pays ; vous constituez une petite équipe et vous enquêtez pour trouver les personnes-clés. Une fois sur place, vous regardez autour de vous… et vous finissez toujours par trouver la ou les bonnes personnes.

Je pourrais imaginer que, dans de nombreux pays peu favorisés, les gens n'ont même pas le premier franc pour payer le montant dû pour participer à vos stages. Et comme vous ne voulez pas dépendre des fonds publics, comment financez-vous votre travail sur place ?

Nos financements fonctionnent selon le système économique suivant : si vous êtes au service de la vie, la vie sera à votre service, et l'argent circule ainsi. Cela signifie que ma seule et unique préoccupation est de servir la vie. Cela ne signifie pas que je ne doive pas prendre mon bâton de pèlerin pour aller demander de l'argent. Les sommes que je demande sont considérables... et mes demandes sont honorées. J'appelle ce travail « jouer à Robin des Bois ». Lorsque je vais former des collaborateurs de grandes entreprises, je demande un cachet très confortable. Avec les sommes ainsi récoltées, je finance la formation de milliers d'Africains. Voilà comment ça marche. Et nous avons, dans notre réseau, une collaboratrice qui excelle dans la recherche de fonds. Ces fonds sont investis dans l'organisation de formations dans tous les pays moins favorisés que les nôtres.

Je vous entends critiquer les structures et le système économique régnant. D'un autre côté, vous chercher à vous attirer les faveurs des représentants de ce même système, à qui vous demandez de soutenir financièrement vos projets... et vous obtenez les crédits demandés. Si je vais jusqu'au bout du raisonnement, je me demande s'il n'y a pas, à un moment donné, une impasse. Imaginons qu'une mutation profonde de nos structures politiques et sociales ait vraiment lieu ; elle entraînerait assurément de gros changements pour vos sponsors actuels. Ils devraient vraisemblablement céder une grande partie du pouvoir et de la richesse qu'ils détiennent aujourd'hui, ce qui ne ferait pas votre affaire.

Je suis intimement persuadé que tous ceux qui occupent des postes dans les structures politiques et économiques dans lesquelles nous vivons souffrent... ; ils souffrent tous. Vu de l'extérieur, il semble qu'il y ait des gagnants et des perdants. Mais ceux qui gagnent beaucoup d'argent le paient cher, très cher, sur le plan psychique et sur le plan spirituel. Une personne qui a amassé une grosse fortune sur le dos des autres vit dans un monde où il n'est question que d'argent. C'est une bien drôle de vie : apparemment, belle, mais qu'en est-il de la satisfaction de ses besoins profonds ?

Toute notre culture de consommation est basée sur la satisfaction de faux besoins, d'ersatz de besoins, mais pas de nos besoins réels. C'est une des principales préoccupations pour ces prochaines années : montrer à nos contemporains des chemins plus efficaces qu'aujourd'hui, par lesquels ils pourront satisfaire leur besoin de mettre du sens dans leur vie.

Il me semble que vous planez en pleine utopie, non ?

Je ne suis pas sûr de comprendre ce que vous entendez par utopie. Je ne suis pas un rêveur, mais plutôt un homme assez conservateur dans ses idées. Si quelqu'un vient me présenter des plans, mais que je ne vois pas comment on pourrait les concrétiser, je deviens vite très sceptique.

Je n'arrive pas à m'enthousiasmer pour des idées visionnaires. S'agissant de la CNV ; j'ai déjà rencontré de nombreuses personnes créatives qui ont adopté cette méthode et me montrent qu'elle est solide sur les plans politique et spirituel, et qu'elle permet de changer de manière radicale la conscience des gens. De plus, je ne peux pas m'empêcher de penser que, si nous avons réussi à mettre autant d'intelligence et d'énergie à créer des systèmes de sécurité et des arsenaux d'armes sophistiquées, nous pourrions aussi mettre cette même intelligence et cette même énergie à construire des systèmes orientés vers la sauvegarde de la vie.

En fin de compte, je préfère vivre en partant de l'hypothèse qu'un changement est possible. Et si je me suis trompé, et que toute cette histoire n'est qu'un conte de fées, eh bien ! j'assumerai mon choix. Mais je ne peux m'empêcher d'observer un certain nombre de faits évidents qui me permettent d'affirmer qu'un changement est bel et bien possible.

Je voudrais bien en savoir plus sur votre travail dans les grandes entreprises. Comment est-ce possible de greffer la CNV dans des entreprises dont la culture a écarté toute référence aux sentiments et aux besoins des êtres humains qui les composent ?

À mon avis, une telle greffe est possible. Mais il est nécessaire de disposer d'oreilles-girafes bien entraînées. Quand je suis invité à donner des séminaires dans de telles entreprises, on me fait souvent la remarque suivante :

> « Avez-vous jamais travaillé dans une entreprise telle que la nôtre ? Vous ne pouvez tout simplement pas parler de sentiments et de besoins ; personne ne vous prendra au sérieux ! On vous taxera de rigolo, et votre attitude sera prise comme un manque flagrant de professionnalisme. »

Et c'est probablement vrai. Walter Wink[24] assure qu'il est important de reconnaître la spiritualité spécifique de chaque entreprise ou institution. Je suis parfaitement conscient que, dans les entreprises, certains codes et certaines règles préexistent, et qu'il y souffle un autre esprit que dans des contextes différents.

Quand je vais dans des entreprises, je ne parle pas de besoins ni de Communication NonViolente, mais de pouvoir. Je discute avec les collaborateurs de la manière d'augmenter leur pouvoir, sans devoir le « payer » par la suite. Augmenter le pouvoir d'un collaborateur, c'est augmenter sa productivité, le volume et la qualité de ses prestations, ou augmenter quoi que ce soit que l'entreprise propose. J'explique les choses à peu près dans ces termes :

« Je vous propose un moyen d'exercer votre pouvoir *avec* les autres, et non *sur* les autres. Exercer votre pouvoir *avec* les autres collaborateurs et collaboratrices de l'entreprise leur permet de se sentir concerné(e)s et de travailler avec plus de plaisir. Ils et elles remarquent alors mieux que leurs prestations contribuent effectivement au succès de l'entreprise tout entière. Remarquez qu'à ce moment-là, les besoins des employés convergent avec ceux de la direction. »

J'ai dû un jour intervenir comme médiateur dans une entreprise de Zurich pour tenter de dénouer un vieux conflit relatif au choix d'un logiciel de gestion. Les jeunes collaborateurs de la section informatique voulaient absolument que l'entreprise acquière un nouveau logiciel, tandis que les plus âgés y étaient opposés. Le conflit durait déjà depuis quinze mois et s'était envenimé. Je les ai priés de tenir une séance de travail ordinaire en ma présence, afin que je puisse observer comment ils communiquent les uns avec les autres.

Quand l'un des collaborateurs les plus âgés prit la parole, je sus immédiatement ce qui n'allait pas dans cette équipe. Il faut encore savoir que les plus anciens collaborateurs avaient eux-mêmes mis au point, des années auparavant, le logiciel qui était encore utilisé aujourd'hui. Mais, au lieu de dire qu'il souhaitait voir exprimer de la reconnaissance pour tout le travail de développement que l'ancienne équipe avait fourni, et pour la qualité de ce logiciel qui avait rendu service à l'entreprise pendant toutes ces années, celui qui avait pris la parole s'exprima en ces termes :

– Ce n'est pas parce que quelque chose est nouveau, que c'est forcément bon. Je connais une entreprise qui a voulu changer tous ses logiciels… eh bien ! toutes leurs données se sont évaporées !

À quoi l'un des jeunes répondit :

– J'ai de l'estime pour mon cher collègue et je reconnais que nouveauté ne veut pas automatiquement dire garantie de qualité, mais si nous lisons attentivement notre rapport d'activités et que nous interprétons correctement les bilans, nous ne pouvons pas nous empêcher de penser que… et patati et patata… !

Et le ping-pong continuait de la sorte, jusqu'à ce que je prenne la parole :

– Si vous le permettez, je voudrais partager avec vous ce que j'ai observé. (Me tournant vers le collaborateur plus âgé qui avait la parole tout à l'heure). J'ai comme l'impression que vous devez vous sentir assez mal en ce moment, et que vous aimeriez bien qu'on vous témoigne de la reconnaissance pour le travail de développement du logiciel actuel, qui a si bien fonctionné jusqu'à aujourd'hui.
– Si vous saviez de quoi on disposait à l'époque… et d'une certaine manière, c'est vrai que… eh bien sûr, cela serait agréable si…

Et moi :

– Est-ce que c'est bien cela ?
– Au fond, oui, c'est ça !

Mon Dieu ! quelle peine avaient ces gens, dans un tel environnement, pour reconnaître le premier petit bout d'un début de sentiment !

Et en plus, un sentiment qui parlerait de malaise !

Naturellement, exprimer un malaise, pour les participants à ce jeu, c'est s'exposer dangereusement. Mais, quand ils commencent à se rendre compte que les coûts induits par des dissensions stériles et des émotions refoulées sont exorbitants et ne produisent rien, ils sont aussi d'accord de sortir des sentiers battus. En tout cas, cette équipe-là d'informaticiens est entrée en matière et a pu tirer un réel bénéfice d'une situation qui paraissait sans issue au départ.

Dans votre travail, vous vous heurtez souvent à des résistances. Est-ce qu'une personne qui manifeste de la résistance n'a pas de très bonnes raisons de le faire ?

Si je mets mes oreilles-girafes, je ne parle plus de résistances. J'entends des personnes qui cherchent à me communiquer des informations sur leurs sentiments et leurs besoins.

Prenons l'exemple d'un séminaire organisé dans une grande entreprise ; les participants sont des collaboratrices et collaborateurs qui n'ont pas eu le choix de venir ou non. Très souvent ils vont dire :

> « Personne ne nous a demandé si nous étions intéressés ! Y'en a marre de ces formations à ci et à ça ! On nous prend vraiment pour des gamins… Et qu'est-ce que ça peut être scolaire, tout ça… »

Moi, j'entends qu'ils demandent tout simplement que quelqu'un comprenne une fois leur colère.

Les groupes envoyés d'office dans des séminaires « obligatoires » n'ont souvent aucune idée de ce que j'ai à leur offrir ; qu'il s'agisse d'élèves de l'école primaire dont les enseignants m'ont invité, d'un collège de professeurs dans un établissement scolaire ou d'une équipe de managers de haut niveau, ils sont tous les mêmes. En général, je me rends compte assez rapidement si les gens ont choisi de venir ou non ; il me suffit d'être réceptif à l'énergie qu'ils dégagent. Ils sont assis là comme des zombies, attendant de voir s'ils vont s'ennuyer ou s'amuser. Naturellement, pour l'animateur, c'est mortel. Donc, si je ressens une telle énergie, je démarre ainsi :

« Bonjour ! La première chose que je voudrais savoir, c'est ce qui vous motive à être là aujourd'hui. Je vais vous demander de m'indiquer auquel des groupes suivants vous appartenez :

Groupe A : Vous êtes au courant du contenu de mon enseignement et vous brûliez, ce matin, d'arriver au cours.

Groupe B : Vous êtes ici parce que vous avez peur de devoir rendre des comptes à quelqu'un si vous n'êtes pas là aujourd'hui.

Groupe C : Vous n'êtes pas tout à fait sûr de ce qui va se passer ici, mais vous avez suivi les autres. »

« Je fais les comptes, levez la main :
Groupe A : zéro.
Groupe B : presque tous.
Groupe C : deux personnes.
Merci ! »

« J'ai quelque chose à demander à ceux qui ne sont pas là à titre volontaire : Pourriez-vous me dire de quelles informations vous auriez besoin pour décider si, oui ou non, vous allez me faire cadeau de votre attention ? En effet, je n'aime pas prendre du temps et de l'attention aux gens contre leur gré ! »

Un jour, j'ai travaillé pendant toute une semaine avec un groupe de policiers israéliens... et pas n'importe lesquels : ce groupe était constitué des policiers contre lesquels avaient été déposées le plus de plaintes pour brutalité. Et ils étaient parfaitement conscients que c'était la raison pour laquelle on les avait envoyés suivre cet entraînement à la CNV. Je vous laisse imaginer dans quelles dispositions ils étaient. J'aurais pu leur parler pendant six jours sans que le moindre de mes mots ne franchisse leurs murailles.

Alors j'ai commencé comme cela :

– Que voudriez-vous savoir sur la communication pour décider si vous voulez en savoir plus sur ce sujet ?

– Communiquer ? Mais vous n'avez pas la moindre idée à quels idiots nous avons à faire ! Communiquer avec eux, vous voulez rire !

Je me souviens comme si c'était hier de ce premier jour où je leur expliquais comment donner de l'empathie. Un officier de police a pris la parole :

– Si je comprends bien ce que vous dites, si quelqu'un me crache dessus, je dois simplement me dire au fond de moi qu'il pleut !

Et moi, je me demande vraiment comment on peut donner de l'empathie à quelqu'un qui vous crache dessus !

Si vous voulez mon avis, si cela devait vous arriver, vous auriez intérêt à avoir appris au préalable comment on hurle en langue girafe. Et il faudra hurler fort avant de pouvoir donner de l'empathie ! Mais fort ne veut pas dire bruyamment ! Crier en girafe, cela veut dire montrer à l'autre à quel point je suis moi-même blessé par ce qui m'arrive.

Si donc quelqu'un me crache dessus, je peux, par exemple, lui répondre :

« Eh ! Ça ne va pas, non ? Ça me rend fou quand tu me craches dessus ! C'est pas ça, le respect, pour moi ! Si t'as quelque chose contre moi, viens... qu'on s'explique ! Et arrête de cracher ! Compris ! »

Pour en revenir au groupe de policiers israéliens, au cours de la première session, je n'ai pas eu l'occasion de leur expliquer comment communiquer en CNV. J'ai passé tout mon temps à écouter ce qu'ils pensaient d'un entraînement à la CNV, à quel point ils trouvaient tout cela imbécile et déplacé, et qu'un policier, ça n'utilise pas la CNV, mais la matraque. Et je les ai écoutés avec empathie, encore et encore, pendant des jours...

J'ai su par la suite qu'à mi-parcours de cette formation, qui comportait plusieurs sessions espacées dans le temps, le taux de violence dans ce groupe de policiers avait déjà notoirement diminué.

Je vois que vous obtenez des résultats vraiment étonnants. Cela doit être absolument passionnant de voir combien vous pouvez faire bouger les choses. Mais n'est-ce pas difficile, lorsque vous êtes habité par une vision si entraînante, de reconnaître vos propres limites... et de protéger votre espace personnel ?

Je me demande vraiment comment vous vous réservez des oasis de paix avec le train d'enfer que vous menez, à courir d'un aéroport à l'autre sur toute la planète ?

Vous avez raison ! C'est un réel problème... mais de quel plus beau problème pouvais-je rêver ? Je suis intimement persuadé que tout homme ou toute femme sur cette Terre serait reconnaissant(e) d'avoir autant de possibilités de satisfaire son besoin de sens. Naturellement, ce n'est pas toujours si facile. Que faire quand je suis confronté à tant et tant de souffrances partout sur la planète *et que je sais qu'elle pourrait être atténuée ?* C'est vraiment dur pour moi de détourner la tête et de m'octroyer une pause.

Ce matin, au petit-déjeuner, j'ai appris que la nièce d'un de mes amis au Burundi s'était suicidée parce que ses parents ne pouvaient plus payer son écolage… Quand une journée commence comme cela, je me dis en moi-même :

« Marshall, tu voudrais tellement que la Terre soit plus belle à vivre, et en plus tu sais comment y contribuer… »

J'avoue que cela m'est extrêmement difficile de prendre du temps pour moi… par exemple, juste de faire une promenade sans penser à rien. Et quand je vous dis cela, je sens mon esprit et mon corps me dire qu'un temps de retraite serait bienvenu pour me restaurer dans ma pleine énergie. C'est un grand défi personnel que de trouver le bon équilibre dans ma propre vie.

12

Exprimer sa reconnaissance et apprendre à en recevoir

« Faire de la vie une fête permanente. »

Au début de notre entretien, vous nous avez parlé de votre perplexité d'enfant : pourquoi existe-t-il des êtres humains violents, et pourquoi d'autres êtres humains trouvent du plaisir à donner ?
Comment se fait-il que des êtres humains soient naturellement prédisposés au don, alors qu'ils n'ont jamais entendu parler de Communication NonViolente ?

Pour illustre mon propos, je vais vous raconter l'histoire d'une de mes amies au Rwanda... une histoire parmi tant d'autres. Elle s'appelle Yolande Mukagasana[25] et a écrit un livre relatant sa vie pendant la guerre civile. Je l'ai rencontrée pour la première fois au cours d'un de mes ateliers de formation à la CNV. Elle y avait raconté qu'elle avait perdu ses trois enfants et son frère, tous quatre assassinés. Je me suis émerveillé alors de ne sentir aucune haine, ni aucune colère en elle... seulement une énorme tristesse. Elle était profondément triste de ce qu'on lui avait fait... triste et en même temps incroyablement heureuse de vivre.

Lorsque je rencontre des gens comme Yolande, je brûle de leur poser une question-clé – que je pose à tous celles et ceux de son espèce :

– Racontez-moi comment les êtres humains qui ont partagé votre vie vous ont aidée à devenir la personne que vous êtes aujourd'hui, si chaleureuse et ouverte sur le monde ?

Et voici ce que Yolande me répondit :

– Lorsque j'étais enfant, de nombreux mendiants venaient frapper à notre porte. C'est moi qui allais leur ouvrir la porte. Du fond de sa cuisine, ma mère me criait :
« Apporte-lui de l'eau... et va aussi chercher du pain... je suis sûre qu'il n'ose pas demander les deux choses en même temps. »

Ce sont souvent des événements très peu spectaculaires qui reviennent à la mémoire de gens comme Yolande... et pourtant, ce sont ces événements-là qui ont enraciné au fond de ces personnes une foncière confiance en la vie, une confiance qui les préserve de voir des images d'ennemis partout ; elles sont protégées contre l'aigreur, alors qu'elles auraient toutes les raisons d'en tomber malades.

Un jour, j'ai rencontré une femme qui avait développé la thérapie par le rire. C'est elle qui m'a fait prendre conscience pour la première fois de l'importance d'événements déterminants dans la vie d'une personne. Je lui ai demandé :

– Est-ce qu'une personne vous a montré un jour la beauté du monde et la richesse de la vie ?

Elle se mit immédiatement à pleurer et se souvint d'un élément très précis de son enfance :

– J'avais neuf ans, et je me sentais seule au monde. Certes, j'avais beaucoup de frères et de sœurs, mais je me sentais étrangère par rapport à tous les membres de ma famille. J'avais en permanence l'impression d'être superflue. Un soir, je me trouvais assise dans un des coins du salon, toute seule comme d'habitude, Mon grand-père était assis dans le coin opposé et était en grande discussion avec deux personnes. Il faut dire que mon grand-père était une personne très aimée et toujours entourée.

Et moi, je le regardais, tout en ressassant l'idée que personne sur la Terre ne s'intéressait de savoir si j'étais vivante ou morte – à ce moment précis, j'ai levé les yeux vers lui, et j'ai vu mon grand-père chercher mon regard depuis l'autre bout de la pièce, et nous nous sommes trouvés une fraction de seconde, et il m'a fait un clin d'œil !

Voilà... vous imaginez... juste un clin d'œil ! Et trente années plus tard, cet « événement » la fait pleurer !

Et voici encore une autre histoire, celle d'une femme en Somalie. Après qu'elle m'eut raconté sa terrifiante vie, je lui ai dit que, pour moi, après tout ce qu'elle avait traversé, c'était un miracle qu'elle n'ait pas perdu sa confiance dans la vie et dans les êtres humains et je lui ai posé ma question préférée :

– Pouvez-vous m'expliquer de quelle manière certaines personnes ont contribué à votre vie, pour que vous puissiez évoluer aujourd'hui parmi les hommes et les femmes de ce monde, comme vous le faites ?

Elle resta songeuse un moment et me répondit :

– Mon père…
– Sûrement qu'il a fait beaucoup de choses pour vous. Seriez-vous d'accord d'en partager une seule avec moi ?
– Quand j'étais petite, nous habitions loin de la source, à 4 kilomètres environ. Mon père était le seul membre de la famille à être assez fort pour porter l'eau sur une pareille distance. Et il me demandait toujours de l'accompagner.
– Ah ! je vois : il vous a rendue heureuse avec son envie d'être avec vous…

Après un moment de réflexion :
– Non, ce n'est pas cela ! Sur ce chemin, nous rencontrions de nombreuses personnes que mon père connaissait. Quel qu'en soit le nombre, mon père s'arrêtait toujours pour discuter…
– Et ça vous a touchée si fort qu'il prenne du temps pour d'autres personnes ?

Là, elle s'est tue un long moment… et puis des larmes sont venues : elle avait trouvé l'origine de son attitude intérieure face à la vie :
– Non, Marshall ! C'est dans la façon très particulière qu'avait mon père de regarder ses interlocuteurs pendant qu'ils lui parlaient. Il manifestait une présence incroyable dans le dialogue… il était totalement à l'écoute de ses interlocuteurs… Cette image de mon père m'a accompagnée pendant toutes ces années et m'a réconfortée lorsque j'étais en présence d'êtres humains qui se torturaient les uns les autres. Pour moi, mon père incarne la raison pour laquelle nous autres, êtres humains, sommes nés… tout le reste est secondaire !

Quand je vous entends raconter cette histoire, je me dis que ce serait si beau de pouvoir témoigner notre gratitude à toutes ces mères, ces pères, ces grands-mères et ces grands-pères

– ou qui que ce soit d'autre : pouvoir dire à toutes ces personnes charnières quel cadeau ils ou elles nous ont fait.
Je viens de penser à l'instant à ma propre sœur aînée et au fait qu'elle ait toujours été là pour moi, naturellement, quand j'étais encore petite. Je n'ai jamais dit à ma sœur ce qu'elle avait représenté pour moi.

Oui, ce serait très beau... et j'irais même plus loin : ce serait vraiment important que nous le fassions ! Je vais me servir d'une image pour illustrer à quel point c'est important.

Pour pouvoir vivre de manière non-violente, comme nous l'enseigne la CNV, il nous faut beaucoup d'énergie et de conscience. Notre inclination à écouter les autres avec empathie n'est pas inscrite dans nos cellules une fois pour toutes ; elle renaît chaque matin parce que nous savons nous occuper de nos besoins et que nous ingurgitons des nourritures enrichissantes. Et je connais un aliment particulièrement énergétique, que j'appelle le « nectar de girafe ». Et comment se procure-t-on ce nectar ? Il est extrait du sentiment de reconnaissance, reçu ou exprimé. À travers la reconnaissance exprimée par quelqu'un dont j'ai enrichi la vie, ou à travers la reconnaissance que j'exprime à une personne qui a contribué à mon bien-être, je me « branche » sur la beauté du monde. Voilà donc le secret de cette ressource formidable : le souvenir du don de soi reçu ou offert. Cette ressource fait circuler la force de vie dans nos veines, nos artères et dans notre cœur même.

L'expression de la reconnaissance est la plus belle fête que la vie ait inventée.

Et lorsque je prends conscience du fait que la gratitude est une nourriture vitale pour chacun et chacune d'entre nous, je me demande vraiment ce qui nous retient de l'exprimer.

Et je vous pose maintenant à vous, en particulier, la question que je pose à tout le monde :

« Qu'est-ce qui vous a empêché de dire à votre sœur à quel point c'était important pour vous, lorsque vous étiez enfant, qu'elle soit là pour vous ? »

Cela peut paraître bizarre : je crois que je ne lui ai jamais raconté mon histoire parce que j'ai la croyance que cela la mettrait dans l'embarras...

Oui, je connais bien ce sentiment ; j'ai rencontré le même problème dans la relation à mon père. Je me disais :

« Mon Dieu ! comme ce sera pénible, pour lui, de m'entendre lui exprimer ma gratitude ! »

Et, effectivement, ce fut pénible, le jour où je me décidai à le faire. Mais il n'y a rien de grave là-dedans. J'appelle cela du « terrorisme girafe ». Lorsque nous abordons le thème de la gratitude dans mes stages, je dis souvent à mes participants :

« Je vais maintenant vous montrer comment on met les êtres humains à genoux ! »

En se servant de la gratitude ?

Oui ! et c'est une forme parfaitement légale de terrorisme. Moi, le pape de la Communication NonViolente, je donne mon absolution urbi et orbi pour tout exercice du terrorisme de gratitude. Mon pauvre père ! Ce ne fut pas facile à vivre pour lui !

Nous étions en promenade tous les deux et tout à coup, je lui ai dit :

– Papa, j'aimerais bien te partager quelque chose qui sera peut-être difficile à entendre pour toi... mais j'aimerais que tu fasses un effort pour m'écouter. Je voudrais te raconter quelques situations où tu as fait quelque chose qui a vraiment enrichi ma vie...

– C'est bon, fiston ! Tu as toujours été un bon gars !

– Attends, papa, je n'ai encore rien dit. Je sais que ce ne sera pas facile pour toi, mais écoute-moi jusqu'au bout, s'il te plaît !

Pauvre papa ! Je l'ai vraiment torturé ! Mais, au fond de lui, il a été très touché. Après que je lui eus exprimé ma gratitude, ce fut lui qui m'exprima sa reconnaissance.

Reprenons votre histoire avec votre sœur. Vous avez peur que ce soit pénible pour elle de vous entendre la remercier. Jouons ! Je prends le rôle de votre sœur. Voyons un peu ce que vous pourriez lui dire la prochaine fois que vous la rencontrerez.

Ce n'est vraiment pas simple pour moi ! Je pourrais dire, par exemple, ceci :

– Il y a quelque temps, j'ai pris conscience de certaines choses dans ma vie que je voudrais bien te raconter. Voilà ! Quand j'étais petite, je passais toujours aux yeux des autres pour une fille délurée et indépendante. Or, très souvent, je me sentais en réalité seule et mal aimée, mais je cachais soigneusement mon mal-être. Et toi, on aurait dit que tu sentais ce qui se passait en réalité pour moi... et tu te trouvais souvent là au bon moment pour me prendre dans tes bras et me serrer bien fort, sans rien dire. Je me sentais protégée dans tes bras... et suffisamment en sécurité pour m'autoriser à pleurer. J'aimerais te dire que c'était vraiment bon pour moi et...

– Oui, c'est bon ! Les sœurs, c'est fait pour ça, non ?

Je ne suis pas sûre que ma sœur eut tenu le coup jusque-là...

Moi non plus, je n'ai pas pu tenir mon attention : au bout de votre deuxième phrase, mon esprit était parti ailleurs et je n'ai plus entendu la suite...

Reprenons :

– ***Ma sœur, je crois que je n'ai pas encore pu exprimer clairement ce que j'avais à te dire...***
– Mais je t'assure, je n'ai fait que les choses les plus normales du monde ; il n'y a pas de quoi fouetter un chat... il faut te calmer maintenant...

Je vais vous dire ce qui a aidé mon papa à écouter ce que j'avais à lui dire :

« Papa, c'est vraiment important pour moi que tu comprennes à quel point ces choses ont compté pour moi... Même si ce n'est pas simple pour toi, écoute-moi, s'il te plaît ! Cela me ferait vraiment du bien si tu pouvais accepter de recevoir ce que j'ai à te dire... »

Alors reprenons :

– ***Ma sœur, cela me ferait vraiment du bien si tu pouvais accepter de recevoir ce que j'ai à te dire...***
– Oui, oui, je t'ai comprise, c'est sympa de ta part... merci beaucoup... à propos, es-tu au courant que notre cousin s'est marié ?

Voici comment je vous suggère de poursuivre :

– ***Attend ! J'aimerais m'assurer que j'ai été claire ; cela m'aiderait beaucoup si tu acceptais de répéter ce que tu m'as entendu te dire.***

Et il y a encore une autre étape qui peut donner du poids à l'expression de la reconnaissance et de la gratitude : vous disiez tout à l'heure que vous vous sentiez protégée et en sécurité dans les bras de votre sœur… vous pourriez ramener ce souvenir au moment présent en témoignant à votre sœur à quel point vous êtes touchée aujourd'hui en vous rappelant combien c'était bon, petite fille, quand elle vous prenait ainsi. Ainsi, vous ramèneriez le partage dans le moment présent.

Oui, je le sens là dans mes tripes : le sentiment de reconnaissance prend une vigueur incroyable. Je remarque que ma sœur a enraciné au fond de moi un profond sentiment de confiance en la vie… une confiance à laquelle je peux me référer aujourd'hui.
En même temps je remarque que je m'expose en manifestant ma gratitude… et que je deviens vulnérable…

Oui, c'est vrai : lorsque ces sentiments se manifestent de manière si forte et vivante, cela peut faire naître de la peur en nous. Nelson Mandela a dit un jour[26] :

« C'est notre propre lumière que nous redoutons le plus… pas notre ombre. »

Je saisis de plus en plus le sens de cette phrase : lorsque nous ne pouvons pas exprimer ou recevoir complètement la reconnaissance, nous fermons, jour après jour, le robinet de nectar de girafe qui pourrait nous désaltérer. Nous sommes, dans le meilleur des cas, capables de comprendre mentalement que cela fait du bien d'aider les autres et de remercier ceux qui nous aident. Mais la vraie beauté et toute la force qui se cachent dans l'expression de la gratitude n'apparaissent qu'au moment où un souvenir précis refait surface ; à cet instant, nous pouvons revivre une seconde fois, en différé, combien notre vie s'est trouvée enrichie depuis lors.

Et même si je sais que ce que j'ai fait a vraiment aidé quelqu'un, c'est différent de le savoir simplement, ou de vivre le moment où cette personne s'ouvre à moi et me témoigne à quel point mon geste a été salutaire pour elle et combien elle est nourrie de pouvoir m'en reparler aujourd'hui. Cela a un tout autre goût... et particulièrement quand ce geste a été aussi précieux que celui de votre sœur vous prenant dans ses bras.

Quant à moi, je dois dire que je ne m'autorisais pas à exprimer ma reconnaissance pour une autre raison encore. Je me disais que cela n'avait aucun sens de le faire, puisqu'il est bien évident que l'autre personne est parfaitement au courant que j'ai de la gratitude à son égard. Lorsque j'ai découvert l'importance de la gratitude, j'ai voulu vérifier mon hypothèse et me suis enquis à gauche, à droite, des perceptions des personnes de mon entourage. Dans de nombreux cas où j'étais totalement sûr que l'autre personne était consciente de ma reconnaissance à son égard... elle ne le savait pas ! Et dans les rares cas où elle le savait, elle ne demandait pas mieux que de l'entendre à nouveau !

Cela m'est clair, maintenant, que les deux gestes d'exprimer sa reconnaissance et de recevoir de la reconnaissance sont tous les deux aussi difficiles à vivre que capitaux à exercer. N'avons-nous pas de la peine à admettre que nos sentiments et nos besoins ont de l'importance, surtout en dehors de tout conflit ? N'est-ce pas difficile, pour nous, de célébrer simplement la vie et de goûter à la compagnie avec nous-mêmes ?

Oui, je suis d'accord avec vous : c'est si important de savoir célébrer ! Mais, se célébrer soi-même est, bien entendu, c'est la pire des choses que nous puissions faire – et c'est encore pire si nous le faisons publiquement – étant donné que nous avons appris depuis l'enfance les vertus de la modestie. Dans l'univers chacal, nous sommes tous tenus de nous souvenir à tout instant que nous sommes en réalité des êtres misérables et indignes. Mais comme faire la fête est la chose la plus naturelle qui soit, nous le faisons tous... quoique, la plupart du temps, en secret !

Vous avez sûrement déjà connu ces dialogues mortellement ennuyeux où votre interlocuteur vous explique par le menu une question scientifique objectivement capitale pour l'avenir de l'Humanité... en réalité, cette personne a le besoin irrépressible de se fêter elle-même ! Pour moi, c'est extrêmement difficile d'avoir du plaisir en compagnie d'une telle personne ; en général, je m'assoupis rapidement.

Je dois dire que j'ai moi-même dû faire du chemin dans mon rapport à la célébration et à la reconnaissance. Dans mes premiers séminaires de formation à la CNV, la manifestation de la reconnaissance n'existait pas encore.

Et qu'est-ce qui vous a poussé à intégrer des exercices sur l'expression de la gratitude dans vos stages ?

Cela remonte aux années septante. J'avais été invité par un groupe de femmes à donner une formation sur trois jours. Je me sentais vraiment honoré de cette invitation. À cette époque, j'étais très engagé dans des projets à caractère politique ; je voulais faire bouger les choses. J'étais douloureusement conscient de toutes les injustices régnantes : envers les noirs, envers les femmes... je voulais transformer la société. J'étais animé d'un esprit de combattant. Je me suis donc dit que c'était une merveilleuse occasion de soutenir les féministes dans leur action politique.

Le jour dit, nous avons commencé à travailler ensemble... et voilà qu'en plein milieu de notre travail, elles s'arrêtaient toutes... pour se prendre dans les bras les unes les autres, s'exprimer mutuellement de la reconnaissance et fêter bruyamment combien elles étaient heureuses d'être ensemble. Et elles faisaient cela trois fois par jour. C'était comme un rituel immuable dans leur groupe : travailler – s'arrêter – fêter. Et moi, j'étais là, à les observer, et je ne pouvais m'empêcher de penser en mon for intérieur : « Ah ! les femmes... ».

Après le stage, je suis allé au restaurant avec la femme qui guidait ce groupe et qui m'avait invité. Elle me demanda de lui partager mes impressions sur le déroulement du stage. Alors je lui ai dit :

– J'ai vraiment beaucoup apprécié de pouvoir travailler avec vous. Il y a juste une petite chose qui m'a gêné : vous savez, votre truc de célébration, c'était un peu frustrant pour moi... je veux dire que nous avions peu de temps et beaucoup de travail, et vous avez interrompu le déroulement du stage trois fois par jour de manière intempestive... disons que je n'ai pas l'habitude de telles pratiques de célébration.

À quoi elle me rétorqua :

– Marshall, c'est précisément ce point-là qui m'a fort irritée dans votre façon d'enseigner : c'est cette énergie que vous manifestez à vouloir changer le monde dans tous les domaines... vous faites peur aux gens, à ces femmes en particulier... savez-vous que cela les freine dans leur engagement au lieu de les soutenir comme vous l'espérez. Dans notre groupe, nous sommes parties d'autres prémisses : nous voulons également célébrer tout ce que la vie a de bon, et pas seulement être conscientes des horreurs de tous les jours.

À partir de ce jour-là, je me suis toujours souvenu de ce feedback précieux. J'ai repris le contenu de mes cours et vu qu'effectivement, je parlais à longueur de journée de conflits et des différentes manières de combattre la violence, le racisme et le sexisme. J'ai commencé à consacrer plus de temps à l'expression de la reconnaissance et à la célébration de la vie. Et aujourd'hui, je continue, année après année, de donner plus de place à la célébration de la beauté du monde et à la reconnaissance de l'énergie de vie qui coule dans nos veines.

Mon espoir, c'est que nous puissions nous engager dans les chantiers de transformation de notre société avec cette énergie de gratitude... plutôt qu'avec des cibles d'ennemis plein la tête.

Est-ce que le concept même de Communication NonViolente est encore adéquat dans ce contexte ? Est-ce qu'il ne véhicule pas, justement, cette ancienne attitude qui veut combattre la violence et s'opposer à quelque chose ?

Je n'ai jamais aimé l'adjectif « non-violent », même au début. Cependant, il est souvent associé à l'action de Gandhi et de Martin Luther King, dans laquelle je me reconnais. Il faut tout de même dire que, lorsque j'ai écrit mon livre, il y a plus de vingt ans, et que je l'ai intitulé « Communication NonViolente », je ne me serais jamais douté que cela deviendrait un mouvement d'ampleur planétaire.

La principale raison pour laquelle je n'aime pas l'adjectif « non-violent », c'est qu'il parle de quelque chose que nous ne voulons pas et non de ce que nous voudrions vraiment. Or, avec la CNV, nous cherchons justement à exprimer ce dont nous avons besoin. Il y a donc une contradiction entre le vocable utilisé et l'attitude que nous préconisons.

Nous avons souvent remis le sujet sur le métier parmi les membres de notre mouvement, et nous avons cherché des noms de remplacement, mais sans résultat convaincant. Entre-temps, la notion même de « non-violence » a évolué. Aujourd'hui, dans le grand public, la non-violence n'est plus exclusivement associée à la violence physique, corporelle. Cet élargissement de sens est une chance pour nous. Nous ne nous faisons plus trop de souci autour du nom de la méthode.

Nous avons vu à quel point cela reste un défi d'exprimer de la reconnaissance, mais aussi de la recevoir. À la fin de vos stages, il peut arriver que cinquante personnes viennent l'une derrière l'autre vers vous pour exprimer de la gratitude à votre égard. Est-ce facile, pour vous, de supporter cet assaut de reconnaissance ?

Non ! cela représente un travail ardu pour moi. Naturellement, c'est aussi un plaisir d'entendre tous ces gens heureux... et je suis mieux exercé aujourd'hui pour recevoir leurs témoignages ; mais c'est un défi pour moi de rester vraiment présent à chacun et à chacune. Nous sommes dans le thème connu « C'est la lumière, et non l'obscurité qui... » Ce n'est pas trop difficile de parler de l'énergie divine ; c'est une tout autre affaire que de la vivre et de sentir la force qui monte en nous quand nous manions la reconnaissance. J'aurais vraiment baigné dans du pur bonheur si j'avais été conscient, ma vie durant, que toute cette force était là, en moi.

Mais j'ai débuté dans la vie avec une image de moi qui était tout sauf divine... et j'ai dû parcourir un long chemin semé d'embûches pour arriver où j'en suis aujourd'hui. Lorsque je me remets en lien avec mes origines, c'est le terme « bon à être grillé vif » qui me vient à l'esprit. C'est un néologisme de ma fabrication, qui vient de loin. Lorsque j'étais enfant, je rentrais souvent en larmes à la maison, car j'avais été passé à tabac par mes camarades d'école, juste parce que j'étais juif. Alors, mes parents et mes grands-parents voulaient me consoler. Mais, tout aimables et aimants qu'ils étaient, ils ne savaient pas parler « d'une manière girafe ». Et qu'est-ce qu'ils me disaient pour me consoler (je viens d'évoquer la terreur que je vivais) ?

> « Mon petit ! sois heureux de vivre aux États-Unis. En Allemagne, cela fait longtemps qu'ils t'auraient jeté dans un four. »

À cette époque, je n'avais aucune idée de ce dont ils parlaient, mais j'avais enregistré que j'avais un « défaut de fabrication » qui faisait que j'étais juste « bon à être grillé vif ». Et ce n'est pas tout. Lorsque j'étais adolescent et jeune adulte, et que je voulais sortir avec des filles, elles finissaient toujours par me dire :

> « Cela ne va pas ; tu es un Juif et mon père m'a défendu de sortir avec des Juifs. »

Et lorsque nous partions en vacances, mes parents et moi, nous ne trouvions jamais de chambre d'hôtel libre. Dès que nous donnions notre nom « Rosenberg », l'hôtel était plein. Alors mon père a déclaré que nous nous nommions « Ross », et il n'y a plus eu de problèmes ! Le fait de voir mes parents cacher leur vraie identité a laissé des traces profondes dans la construction de mon image de moi : « bon à être grillé vif », voilà ce que je valais à mes yeux...

Entre le feed-back que je reçois aujourd'hui et la couleur de mon enfance – « bon à être grillé vif » –, il s'est passé des siècles. Une pareille mutation est bien lourde pour une seule vie d'homme...

Je vous laisse imaginer l'épreuve que j'eus à traverser lorsque je fus invité pour la première fois en Allemagne ; c'était en 1986. Je devais donner une conférence... vraiment très bizarre, cette arrivée à Munich : lorsque je suis descendu d'avion, un soldat en uniforme se trouvait là, au pied de la rampe, l'air très respectable –

je n'ai jamais su pourquoi il était là... peut-être juste pour me rappeler de vieux souvenirs ? Mais là, j'ai vraiment pu mesurer combien de vieilles terreurs étaient encore tapies au fond de moi...

Et en même temps, c'était une merveilleuse expérience d'arriver en Allemagne, et de trouver un pays si différent des images qui m'habitaient. J'ai été reçu d'une manière incroyablement chaleureuse et fraternelle.

Je dois dire que cela n'est pas rien d'introduire la Communication NonViolente en Allemagne ! Il se passe là-bas quelque chose de vraiment extraordinaire ! Vous comprenez ce que je veux dire, n'est-ce pas ? Arriver en Allemagne, dans ce pays synonyme d'enfer pour moi, et d'être reçu avec une pareille amitié... cela me donne un espoir fou. Et lorsque ces hommes et ces femmes me racontent en quoi moi – le Juif – j'ai pu enrichir leur vie... moi, recevoir d'eux – des Allemands – de la gratitude... cela a une signification très profonde : cette gratitude-là a vraiment une valeur toute spéciale.

Je suis très touchée d'entendre ce que vous venez de raconter, et cela me donne des ailes.

Oui, c'est utile de tourner le dos à ces représentations d'ennemis. Et pour moi, cela signifie aller extirper la plus profonde de toutes les images d'ennemis, celle qui vient de mon enfance – et la transformer.

Je comprends de mieux en mieux que cette voie que vous enseignez, vous l'avez vous-même parcourue sur toute sa longueur ; je comprends aussi pourquoi vous êtes si convaincant dans vos propositions ; et je vois que votre identité juive

est une composante importante du cheminement, du vôtre… et du nôtre.

Oui ! Si je raconte cette histoire, c'est pour expliquer à quel point c'est difficile pour moi de recevoir de la reconnaissance. Cela me permet de comprendre que d'autres personnes, ayant un autre parcours de vie que le mien, puissent rencontrer la même difficulté. La plupart des cultures et des religions ont fabriqué un corset moral qui force leurs adhérents à croire toujours la même chose :

« Tu n'es rien ! »

Il peut se cacher derrière une telle injonction un merveilleux message spirituel, qui pourrait s'énoncer :

« Ne te laisse pas mener par ton ego ! »

Malheureusement, les Églises ont interprété cette vérité fondamentale, et obligé le bon peuple à penser pendant des siècles et des siècles qu'il ne vaut rien. On peut comprendre qu'au bout d'un tel parcours, ce soit difficile pour chacun et chacune d'entre nous de recevoir de la reconnaissance.

Avez-vous un conseil à nous donner ? Comment peut-on apprendre à faire entrer la gratitude dans nos vies quotidiennes ?

Quant à moi, je tiens un « journal de gratitude ». Je trouve les instants qu'il me faut pour célébrer gratitude et reconnaissance. Voici ce que j'entends par là : voyez-vous ce grand coffre, là-bas, dans le coin de la pièce. Il contient tous les carnets que j'ai écrits : ils sont remplis de témoignages de gestes que j'ai faits, ou que d'autres personnes ont faits, et que j'ai eu envie de célébrer et de retenir. Parfois, j'y ai inscrit aussi des événements tristes ; ils ont aussi de la valeur. Rédiger un « journal de gratitude », pour moi, c'est entrer en dialogue avec l'énergie divine universelle.

Voyons un peu ce que j'ai écrit :
« 19 février : Quel bonheur, cette promenade dans la neige brillante de soleil ! Et comme ce jour froid était transparent ! »

C'était une de ces rares journées où je m'autorise à aller me promener dans les montagnes de la région. Voici une autre annotation, à propos d'une journée qui avait commencé à Copenhague et s'était terminée à Zurich :

« 29 mai : Au soir d'une longue journée, je vois arriver une femme qui avait participé au stage ; elle a les yeux tout brillants. Elle est venue me dire que sa vie avait été transformée par toutes les choses qu'elle avait apprises de moi ces dernières années. C'en est une parmi tant d'autres. Je suis triste de ne plus arriver à me souvenir de tous les retours que je reçois. »

À la fin de mes stages, je réserve un temps de partage pour que chacun puisse exprimer ce qui l'habite, souvent de la reconnaissance. Je m'efforce de tout noter. En effet, les paroles que les personnes disent à ce moment-là sont de telles perles que je veux pouvoir les « réentendre » une seconde fois, à travers les notes de mon carnet, pour en goûter toute la saveur. Je fais durer le plaisir : le lendemain matin, je relis tout ; je m'en nourris. Pour cela, je me lève intentionnellement plus tôt que nécessaire. Cette relecture est une véritable source d'énergie ; je la sens véritablement inonder mon corps. Et je ne sais pas comment je ferais, si je ne disposais pas de cette source, pour assumer le train d'enfer que je mène pour honorer mon agenda ! Sans cette énergie, cela ferait longtemps que je serais épuisé.

La semaine dernière, j'étais à San Francisco, et le stage s'est terminé un peu tard. Il restait peu de temps avant le départ de mon avion. La collègue avec laquelle j'avais conduit le stage proposa une minute de silence, en lieu et place de la « ronde » habituelle, le tour de cercle, qui aurait permis à chacun et à chacune de prendre la parole. Elle suggéra d'exprimer sa gratitude en silence. J'ai fait le tour du cercle par le regard, m'arrêtant un instant chez chacun... la gratitude exprimée par tous ces visages m'a profondément bouleversé, et m'a comblé... j'ai fondu en larmes...

Dans mon carnet, j'ai écrit :

« À cet instant j'ai compris, comme jamais auparavant, combien de bonté se loge au fond de chaque être humain... et j'ai totalement senti notre force divine à tous. »

Voilà d'où provient mon énergie.

Et au même moment – pendant que je me réjouis de vous raconter tout cela –, j'ai pleinement conscience des milliers, voire millions de personnes de par le monde, qui sont affamées de reconnaissance, et qui n'en reçoivent pas une miette.

Et alors je me mets à maudire cette énergie divine :

« Comment est-ce possible que la vie soit si injuste ?
Énergie divine, je ne te comprends pas :
je reçois tant, et d'autres si peu !
Ce n'est vraiment pas charitable ! »

Mais ce serait tout de même dommage de ne pas la goûter, pour cette raison-là, n'est-ce pas ? Alors, je cherche à associer ma douleur et ma gratitude, et cela me donne l'élan d'aller sur toute la planète pour tenter d'offrir à tous les êtres humains l'accès à ce dont ils ont tant besoin.

Et c'est ainsi que ce coffre s'est rempli de toute la gratitude du monde, au fil de mes carnets. De toute cette richesse, on pourrait tirer un très beau livre. Tous ces témoignages quotidiens de reconnaissance, qui sont là sous vos yeux, c'est ma vie !

Je suis intimement persuadée que vous pouvez deviner combien j'ai goûté à nos entretiens. Et je veux malgré tout le répéter, une fois encore : je vous suis très reconnaissante de m'avoir offert cette qualité de présence très particulière, faite à la fois de transparence et de légèreté. Vous m'avez donné à sentir la force qui vous habite... quel cadeau ! Et je vous remercie aussi pour tous ces instants qui m'ont touchée si profondément.
J'ai trouvé dans vos témoignages une inspiration inépuisable pour orienter ma propre vie. Depuis que je vous ai vu à l'œuvre, je suis habitée par l'espoir que des changements seront effectivement possibles et que l'Humanité peut prendre un chemin de guérison.
Je suis heureuse de pouvoir partager cette expérience avec tous ceux et toutes celles qui liront le livre qui va naître de nos échanges.

À mon tour de vous remercier ! Je suis content d'avoir pu ainsi contribuer à cette évolution.

Notes

1 - NdT : L'adjectif non-violent, écrit « NonViolent » fait partie de la marque de service Communication NonViolente^{SM}. Lorsqu'il se trouvera en plein texte, il sera écrit « non-violent », comme d'habitude.

2 - Walter Wink, *Engaging the Powers. Discernment and Resistance in a World of Domination*, Minneapolis 1992.

3 - Marshall Rosenberg, *Les mots sont des fenêtres (ou des murs)*, Éditions Jouvence, 2005 (1re éd. 1999).

4 - NdT : En allemand « Amtssprache », littéralement langue administrative. Ce terme est lourdement connoté par rapport au contexte de la période nazie en Allemagne.

5 - Marshall Rosenberg utilise en anglais l'expression : « Never to do anything that isn't play. »

6 - Joseph Campbell, *Die Masken Gottes,* Munich, 1996.

7 - Martin Buber : Ich und Du, Heidelberg, 1983.

8 - NdT : Ces groupes existent aussi en France, en Belgique et en Suisse romande. Pour les découvrir, consulter la page d'accueil du CNVC : www.cnvc.org.

9 - Maulana Dschalaluddin Rumi (1207 – 1273) est un des maîtres soufis les plus connus.

10 - L'étude Shell 2000 sur la jeunesse a montré qu'en Allemagne, les jeunes restent devant la télévision environ deux heures et demie par jour en moyenne, les jours de semaine, et trois heures et demie, les week-ends.

11 - NdT : l'auteur, dans une note, rappelle que Marshall Rosenberg utilise le terme de « restorative justice », qu'elle traduit par « Täter-Opfer Ausgleich » (litt. compensation entre auteur et victime). Ici, j'ai choisi de reprendre le terme anglais, et de le traduire par « justice restauratrice ». J'ai proposé cette notion dans le titre du chapitre également.

12 - Marshall Rosenberg utilise en anglais le terme de « protective use of force ».

13 - Au début des années soixante, Stanley Milgram a mené une expérience scientifique en demandant à des personnes-cobayes de traiter des personnes soi-disant malades par des électrochocs (fictifs). L'explication était d'ordre pédagogique. Bien que les « victimes » montrassent tous les signes d'une intense douleur, 70 % des cobayes étaient prêts à infliger la « punition » maximale. Seuls 30 % des personnes testées avaient refusé de poursuivre la distribution d'électrochocs (cf. également Stanley Milgram, *L'expérimentation Milgram*, Reinbek 1974).

14 - En Allemagne et en France, cette proportion est de un divorce pour trois mariages.

15 - NdT : L'auteur utilise ici le terme « Einfühlung », qui signifie littéralement « se mettre au diapason de quelqu'un ». On pourrait utiliser pour traduction le mot de « compassion », mais cette dernière est trop souvent liée à une situation négative chez l'autre personne.

16 - Néologisme inventé par l'auteur (en allemand « *Feminitis* », jeu de mot sur la base de *feministisch*, intraduisible).

17 - En allemand « *Masculinitis* » (intraduisible) = la maladie d'être homme à l'excès.

18 - NdT : Cf. également l'ouvrage paru depuis lors : Jean-Philippe Faure, *Éduquer sans punitions ni récompenses*, Éditions Jouvence, 2005.

19 - Marshall B. Rosenberg, *Diagnostic Teaching*, Seattle 1968 (épuisé) ; ainsi que : *Life enriching education,* Enanitas 2003.

20 - Littéralement : « Écoles au service de la vie ».

21 - *Parents et maîtres faces à l'échec scolaire*, Casterman, 1966.

22 - Ken Wilber, "Eine Spiritualität, die transformiert" (Une spiritualité transformatrice) in *Was ist Erleuchterung ?* (Qu'est-ce que l'illumination ?), Cologne 2001.

23 - Joanna Macy et al., *Die Reise ins lebendige Leben* (Le voyage vers une vie vivante), Paderborn 2003.

24 - Cf. note 2.

25 - Yolande Mukagasana, *La mort ne veut pas de moi*, Fixot, Paris 1997.

26 - Extrait du discours de Nelson Mandela, à l'occasion de son investiture en tant que président de l'Afrique du Sud.

Du même auteur aux Éditions Jouvence :

Les bases spirituelles de la Communication NonViolente

Ce livre nous invite à découvrir les fondements spirituels de la Communication NonViolente (CNV) et à nous relier au divin qui transparaît en chaque être humain. C'est en pratiquant ainsi une forme de spiritualité fondée sur l'empathie et la compassion que nous participons au monde dans lequel nous voulons vivre !

144 pages • 8,90 €

Les ressources insoupçonnées de la colère

L'approche de la Communication NonViolente

La CNV nous apprend à utiliser la colère comme une sonnette d'alarme qui nous avertit que notre manière de penser, loin de nous aider à combler nos besoins, nous entraîne plutôt dans des interactions qui ne seront constructives pour personne.

Voici donc un petit livre instructif et des outils simples et efficaces pour gérer au mieux cette émotion parfois difficile à comprendre ou à contenir…

96 pages • 4,95 €

Sur la CNV aux Éditions Jouvence :

Ne marche pas si tu peux danser

Dʳ Anne van Stappen

Le Roman vivant de la CNV !

Ce roman captivant invite à rencontrer l'autre avec bienveillance, en le respectant tout en se respectant !

« Cette histoire, qui me rappelle *L'Alchimiste,* est à mettre dans toutes les mains, et surtout dans tous les cœurs. » Dʳ David Servan-Schreiber

352 pages • 9,90 €

Petit cahier d'exercices de Communication NonViolente avec les enfants

Dʳ Anne van Stappen et Catherine Blondiau

Ce cahier propose des jeux et exercices pour développer bienveillance et empathie dans nos relations avec les jeunes, afin de stimuler une harmonie relationnelle bénéfique pour tous ainsi qu'un développement optimal de l'enfant sur les plans affectif et émotionnel.

64 pages • 6,90 €

Dépôt légal mars 2017
Achevé d'imprimer en octobre 2017
Imprimé au Danemark par Nørhaven